本书编委会

主　编

季冬晓

编委会成员

季冬晓　刘学侠　任铁缨　张洪修　张华琳

"三会一课"

实用手册

《"三会一课"实用手册》编委会◎编

☆☆☆☆　　　　严格党员教育管理　　　　☆☆☆☆

☆☆☆☆　　　　加强基层党支部建设　　　　☆☆☆☆

☆☆☆☆　　　　提高基层党组织的战斗力　　　　☆☆☆☆

人民出版社

目　录

第一章 "三会一课"是党的组织生活的基本制度

习近平总书记在2018年全国组织工作会议上强调:"党的全面领导、党的全部工作要靠党的坚强组织体系去实现。……党中央是大脑和中枢,党中央必须有定于一尊、一锤定音的权威……党的地方组织的根本任务是确保党中央决策部署贯彻落实,有令即行、有禁即止。党组在党的组织体系中具有特殊地位,要贯彻落实党中央和上级党组织决策部署……每个党员特别是领导干部都要强化党的意识和组织观念,自觉做到思想上认同组织、政治上依靠组织、工作上服从组织、感情上信赖组织。"基层党组织功能发挥是加强组织体系建设的关键一环。

中国共产党作为世界第一大执政党,实现长期执政的关键,在于基层党组织建设和党员的教育管理。只有根基牢固,才能枝繁叶茂。对于拥有9000多万党员、460多万基层党组织的庞大组织生命体,要想确保党组织肌体的健康发展,必须确保每个细胞是健康的。做到这一切,就要全面加强基层党组织建设,就要保证对每一名党员的教育管理都能跟得上。"三会一课"制度是解决这一问题的根本途径,通过定期召开党支部党员大会、党支部委员会、党小组会,按时上好党课,充分发挥基层党组织的创造力、凝聚力、战斗力、领导力和号召力,担负好直接教育党员、管理党员、监督党员的职责。

一、"三会一课"制度的由来与发展

马克思、恩格斯在最初起草《共产主义者同盟章程》（以下简称《章程》）时就制定了相对完善的会议制度和报告制度。其中，将支部、区部、总区部、中央委员会和代表大会列为同盟的五级组织系统，并规定了相应的会议和汇报制度方式。《章程》规定：支部、区部委员会以及中央委员会至少每两周开会一次；盟员至少每三个月同所属区部委员会联系一次，支部每月联系一次；等等。1850 年 12 月，在马克思和恩格斯的指导下，共产主义者同盟进一步完善了会议和汇报制度，如支部至少须由居住同一地区的 3 人组成，每个支部选举一名主席主持会议；支部应定期召开会议，至少每半个月一次；等等。

进入列宁领导下的无产阶级革命斗争时代后，党的组织体系进一步完善，更加注重党的支部建设。在建立俄国社会民主工党过程中，列宁明确提出，党员不仅要承认党的纲领和章程，而且必须"亲自参加党的一个组织"，即必须编入党的一个支部或小组。在 1906 年 4 月俄国社会民主工党四大上，民主集中制被正式写进党章。后来，民主集中制被写入《共产国际章程》，以指导各国共产党的组织建设。

中国共产党的组建成立充分体现了马列主义建党的原则与要求。1922 年 7 月，党的二大通过的中国共产党第一部党章就会议制度有详细的规定，如首先由党员三人至五人成立党小组，选出组长负责，隶属地方支部，同时对党小组、支部、地方执行委员会、全国代表大会等召集方式及开会日期都作出了规定。会议制度写入党章，成为我们党始终坚持的制度。

而党的会议制度担负起党员教育与管理的功能，还是从古田会议开始。1929年12月底，毛泽东起草古田会议决议时强调，"红军党内最迫切的问题"，"党的重要任务之一"是"有计划地进行党内教育"，并提出要通过召开"小组会""支部大会""支部委、组联席会""党员大会"等方式进行党内教育。会议结束后，红四军就把决议当作党课教材，逐条对照学习，检查改正工作中的缺点错误。以此在其他各地红军中展开。

虽然此后的革命斗争形势极为紧张，但党课的学习方式进一步完善和丰富。1931年5月，《全国组织报告的决议案》就提出，各级党组织要组织列宁读书班，实际上这也是开展党课教育的一种形式。1932年10月，中央宣传部在《关于教育新党员运动提纲》中更加丰富和多样化了党课形式，如要求开设短期训练班、流动训练班、列宁小组、为特殊问题的读书会或研究会等，以帮助新党员了解党的理论和主张，实现理论武装，以及要求党课课程内容必须符合实际，把"怎样领导罢工斗争"以及目前党的具体任务纳入其中。

进入抗日战争时期后，加强理论建设和党内教育的问题被进一步提上日程，并将党支部职责完善作为重要一环。1940年10月，中央宣传部发布《关于各抗日根据地内党支部教育的指示》，确立了以"使一般党员懂得怎样做一个好的共产党员"为教育方针的学习内容，其中包括教育普通党员如何开展乡村工作、统一战线工作，以及开展党章和中国革命政治常识学习等。与此同时，还规定了党小组必须兼具学习小组的作用，"每月一次至二次小组会议作为学习会"等。这个指示是我们党最早作出党支部开展党课教育的指导性文件。在延安抗战期间，毛泽东多次到中央党校和抗日军政大学作报告，亲自给全党讲党课。这些实践为"三会一课"制度的推行作了有益的探索。

新中国成立后，各地基层党支部开始建立起"三会一课"制度。各个地方党组织，坚持每月上党课，党支部大会、党支部委员会，党小组会开始按照规定的时间召开。后来随着"大跃进"运动的发生后，各地的"三会一课"制度受到一定冲击，虽然随着大跃进运动的停止有一定改变，各地再次重视"三会一课"制度，但1966年"文化大革命"爆发后，"三会一课"制度基本上中止了。

随着"文化大革命"的结束，党组织生活开始拨乱反正，"三会一课"制度全面恢复，走上了正轨。1980年2月，党的十一届五中全会通过的《关于党内政治生活的若干准则》要求：每个党员不论职务高低，都必须编入党的一个组织，参加组织生活。各级党委或常委都应定期召开民主生活会，交流思想，开展批评和自我批评。1981年8月，中组部下发《关于进一步健全县以上领导干部生活会制度的通知》，提出"各级党委应把健全组织生活作为加强和改善党的领导，恢复与发扬党的优良传统的一个重要问题来抓"。该通知还规定：县级以上党委常委除了必须编入党的一个组织参加组织生活外，同时要坚持每半年召开一次党委常委（党组）生活会，并要及时地向上级党委或组织部门报告生活会情况，召开一次报告一次等。这是我们党历史上第一次以党内文件的形式对领导班子民主生活会的时间、内容等作出具体规定，进一步完善了"三会一课"制度。1982年党的十二大修订的党章对"三会一课"制度作出具体规定：设立委员会的基层组织的党员大会或代表大会，一般每年召开一次。总支部党员大会，一般每年召开两次。支部党员大会，一般每三个月召开一次；还规定，基层党组织要"组织党员认真学习马克思列宁主义、毛泽东思想，学习党的基本知识和党的路线、方针、政策，学习科学、文化和业务"。这就为基层党组织坚持"三会一课"制度提供了依据。

从此，"三会一课"成为严格党组织生活、加强党组织建设的一项重要内容。2005年1月，中共中央发布的《建立健全教育、制度、监督并重的惩治和预防腐败体系实施纲要》，就明确要求"善于运用

'三会一课'"等教育手段在全党开展反腐倡廉教育；2006年6月，中共中央办公厅印发《关于加强党员经常性教育的意见》，提出严格组织生活必须"认真执行'三会一课'制度"；2008年5月，中共中央发布《建立健全惩治和预防腐败体系2008—2012年工作规划》，提出要"建设一批反腐倡廉教育基地，丰富'三会一课'内容"。2009年9月，党的十七届四中全会通过《中共中央关于加强和改进新形势下党的建设若干重大问题的决定》，再次强调"坚持和完善'三会一课'制度"。

党的十八大以来，坚持"三会一课"制度成为推进全面从严治党的重要方式。在党的群众路线教育实践活动、"三严三实"专题教育、"两学一做"学习教育、"不忘初心、牢记使命"主题教育中，"三会一课"制度的内容和形式都得到了进一步的丰富完善。

二、"三会一课"制度的重要作用

"三会一课"是党章规定的基层党组织开展活动的基本方式和重要制度，也是党员参与党内生活、接受党内教育的基本保障。

（一）"三会一课"制度是实现"两学一做"常态化和制度化的重要方式

为了解决党员队伍在思想、组织、作风、纪律等方面存在的问题，增强"四个意识"，坚定理想信念、保持对党忠诚、树立清风正气、勇于担当作为，发挥先锋模范作用，2016年2月，中共中央办公厅印发《关于在全体党员中开展"学党章党规、学系列讲话，做合格党员"学习教育方案》。实践证明，"两学一做"学习教育是推进思想建党、组织建党、制度治党的有力抓手，是全面从严治党的基础性工程，要坚持不懈抓下去。推进"两学一做"学习教育常态化制度化，要引导广大党员深入学习党章党规，深入学习习近平新时代中国特色社会主义思想，增强"四个意识"，在思想上、政治上、行动上同以习近平同志为核心的党中央保持高度一致，做到政治合格、品德合格、纪律合格、发挥作用合格。只有依托"三会一课"等党的组织生活制度，牢固树立党的一切工作到支部的鲜明导向，发挥党支部自我净化、自我提高的主动性，抓好基层党支部相关制度建设，在真学实做上深化拓展，完善查找解决问题的长效机制，经常进行党性体检，深化问题整改，推动学习教育与中心工作深度融合，激发党员干部干事创业的内生动力，在补齐基层党建短板、解决群众身边不正之风和腐败问题上持续用力，才能真正把党的政治建设、思想建设、组织建设抓在日常、严在经常，才能真正把"两学一做"学习教育推向深入。

（二）"三会一课"制度是严肃党内政治生活的基本途径

习近平总书记指出："一个班子强不强、有没有战斗力，同有没有严肃认真的党内政治生活密切相关；一个领导干部强不强、威信高不高，同是否经过严肃认真的党内政治生活锻炼密切相关。"党的十八届六中全会制定并通过的《关于新形势下党内政治生活的若干准则》，将"三会一课"纳入党员干部必须遵守的政治生活，规定："坚持'三会一课'制度。党员必须参加党员大会、党小组会和上党课，党支部要定期召开支部委员会会议。'三会一课'要突出政治学习和教育，突出党性锻炼，坚决防止表面化、形式化、娱乐化、庸俗化。"这是我们党第一次以党内准则的形式，完整地将"三会一课"制度作为党内组织生活基本制度固定下来。"三会一课"作为党员参与党内政治生活的基本途径与方式，有利于党员干部坚定理想信念，加强政治修养。通过"三会一课"制度，开展党内集中学习教育，通过学习加强正确的思想理论引导，党员干部就能够坚持不懈抓好理论武装，系统掌握马克思主义原理，学会用马克思主义立场、观点、方法分析问题和解决问题，用坚定的政治信念抵御政治风浪，在纷繁芜杂的现实中坚持正确的权力观与义利观，正确认识、理性对待矛盾与问题，防止党内政治生活的庸俗化、随意化、平淡化，保证党内政治生活的重要载体得到有效落实，把对党的政治热情转化为做好本职工作的强大动力，从而永葆共产党人的先进性和纯洁性。

（三）"三会一课"制度是加强基层党组织建设的重要举措

党的十九大明确基层党组织要以提升组织力为重点，突出政治功能为根本，直接体现在党支部负担着直接教育党员、管理党员、监督党员和组织群众、宣传群众、凝聚群众、服务群众的职责。全面从严治党永远在路上，为了推进新的伟大工程建设，党的十九大报告明确提出，坚持"三会一课"目的在于推进党的基层组织设置和活动方式创新，加强基层党组织带头人队伍建设，扩大基层党组织覆盖面，着力解决一些基层党组织弱化、虚化、边缘化问题。根据党的十九大报告全面加强基层党组织建设的基本要求，2018年10月28日中共中央颁布实施的《中国共产党支部工作条例（试行）》第十六条规定：党支部应当组织党员按期参加党员大会、党小组会和上党课，定期召开党支部委员会会议。同时还对基层党支部如何开展"三会一课"作了全面规定，如"三会一课"的目的，党课的内容形式以及领导干部讲党课的要求。其中具体规定："'三会一课'应当突出政治学习和教育，突出党性锻炼，以'两学一做'为主要内容，结合党员思想和工作实际，确定主题和具体方式，做到形式多样、氛围庄重。党课应当针对党员思想和工作实际，回应普遍关心的问题，注重身边人讲身边事，增强吸引力感染力。"

全面从严治党，基础是全面，关键在严、要害在治。"全面"就是要管全党、治全党，覆盖党的建设的各个领域、各个方面、各个部门。因此，落实好"三会一课"不仅是全面从严治党覆盖全体党员队伍的必然要求，也是覆盖到全部基层党组织的必然要求。落实

"三会一课"制度，有利于把基层党组织的政治功能与服务功能紧密结合，解决好整顿软弱涣散基层党组织、推进城市街道社区区域化党建、加强党员管理等问题，把每个基层党支部都建设得坚强有力，始终发挥好核心作用。通过定期开展"三会一课"活动，让党员养成经常参加组织生活的习惯和自觉，有利于增强党员意识和对党组织的归属感，教育引导党员加强党性锻炼、增强宗旨意识、自觉守纪律讲规矩，在本职岗位上建功立业、在为民服务中树立形象。"三会一课"作为密切联系服务群众的重要载体，注重与群众的生产生活相对接，通过开展"主题党日"、党员志愿服务、联户帮困等活动，组织党员在扶贫帮困、就业创业、文明创建等方面发挥作用，帮助群众解决生产生活中的实际困难和问题，让人民群众有更多获得感，有利于进一步激发党员队伍活力，提高基层党组织的凝聚力和战斗力，从而进一步提升基层党组织的组织力。

第二章 党支部党员大会制度

一、党支部党员大会的性质和职能

党支部党员大会是党支部全体党员参加的会议，是党支部的议事决策机构，在党支部之中具有最高决策权、选举权和监督权。在党支部党员大会闭会期间，由大会选举的党支部委员会负责日常工作。

党支部党员大会的主要职能是：

（1）定期听取、讨论和审查党支部委员会的工作报告，有表决权的党员进行表决，对党支部委员会的工作进行审查和监督。

（2）讨论并决定党支部的重大问题。如：传达、学习党的重要会议精神、路线方针政策和上级党组织的决议、指示，制定本单位贯彻执行的计划和措施；讨论、审批新党员和预备党员转正；讨论决定对党员的表彰和处分；等等。

（3）选举产生新的党支部委员会及出席上级党的代表大会的代表，增补和撤销党支部委员。

（4）讨论决定支部的其他重大问题。

二、党员大会的会期及其两种形式

党支部党员大会一般每季度召开一次，由党支部委员会召集，党支部书记主持。根据工作需要，支部党员大会可提前召开，无特殊情况，一般不宜推迟举行。按期召开支部党员大会是贯彻党的民主集中制原则的具体体现，对于发扬党内民主、维护党员的民主权利、监督党支部的工作、完成党支部所担负的任务，都具有重要的意义。支部党员大会主要有两种形式，一种是有选举任务的支部党员大会，一种是正常组织活动的支部党员大会。

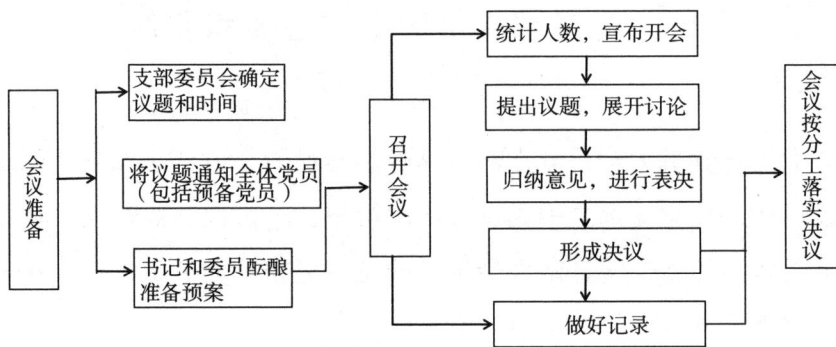

召开支部党员大会流程图

[**基层声音**]

并非"多余"的支部大会

"曾伟，这是关于青某违纪行为处分召开党支部大会的会议流程，你熟悉一下，明天上午和我到他单位参加支部大会，到时你通报青某违纪情况。"这是我从检察院转隶到监察委后查办的首起案件，在案件调查终结后审理室主任对我说。

接过会议议程，我心中不禁"咯噔"了一下，暗自在想，青某因共产党员信仰宗教问题被县纪委立案审查，按照调查结果直接给予处分就行，怎么还要召开支部大会？是不是有点"多余"啊！

第二天上午八点，我和主任准时到达青某所在单位，该单位支部副书记主持召开了支部大会，会议经过会前准备、统计到会人数、宣布开会依据及要求、通报青某违纪情况、青某向大会作检讨和申辩、与会党员发表意见、大会表决、形成处分决定等程序。最终，支部大会根据党的少数服从多数原则，决定给予青某党内警告处分。

会后，我脑中的疑虑一直挥之不散，青某的违纪问题我们调查得已经很清楚了，他本人也对违纪事实予以承认，开始我以为根据纪律处分条例直接给予处分就行了。这与我们之前查处的职务犯罪案件有很大区别，职务犯罪案件调查取证等程序方面同样要求非常严格，却没有要求召开支部大会。

有着丰富办案经验的主任似乎看穿了我的心思，故意问道："曾伟，以前你在检察院没参加过这样的支部大会吧？""没有，给个纪律处分至于这样烦琐、较真吗？"我把自己的疑惑直接讲了出来。主任非常严肃地向我解释："纪在法前、纪严于法，根据《中国共产党章程》规定，对党员的纪律处分必须经过支部大会讨论决定，报党的基层委员会批准。在查处党纪案件中召开违纪党员所在支部大会讨论处分决定，不仅是办案程序的要求，也是对违纪对象本人进行批评、教育、帮助、挽救的机会，刚才青某在支部大会上的深刻检讨和同志们对他诚恳的批评和建议，真正做到了'咬耳扯袖''红红脸、出出汗'的效果，对其他党员也上了一堂生动的警示教育课……"

主任这番话，瞬间让我醍醐灌顶，回想支部大会上的场景：宣读青某违纪事实材料时的肃穆、青某在作检讨时的愧疚、与会党员发表意见时的凝重……这都是一次次深刻的思想教育啊，作为纪律的维护者，不仅要"惩前毖后"，更重要的是要"治病救人"，做到抓早抓小，防"病"于未然。开好支部大会，做好纪律审查这"后半篇文章"，能够起到查处一个、教育一片、震慑一方的效果，这非但不多余，还是多么必需的一个流程啊！

一次小小的支部大会，让我重新对纪检监察工作有了深刻的认识，同时也让我深刻领悟了纪检监察工作无小事，纪检监察工作任重而道远，作为一名纪检监察新兵，我将牢记使命，不忘初心，勤于学习，敢于担当，重整行装再出发！

（《并非"多余"的支部大会》，三湘风纪网，2018年8月21日）

三、党员大会选举的任务与适用情形

党员大会的选举任务主要有三项：一是按期改选本级党支部委员会；二是补选本级党支部委员；三是选举出席上级党代表大会或代表会议的代表。

（一）按期改选党支部委员会

党章规定，党的支部委员会每届任期三年至五年。党支部委员会任期届满后，必须按期进行换届选举，这是健全党内民主的一项重要内容。没有正当理由，随意拖延换届选举时间，甚至长期不进行换届选举，是一种违背党的民主集中制原则、践踏党员民主权利的行为。对此，党员有权提出批评和意见，上级党组织应严肃对待和处理。

当然，如果有特殊情况和正当理由，提前或延期进行换届选举也是允许的，但必须写出报告，报上级党组织批准。上级党组织批复后，党支部委员会要将提前或延期的决定通知所属党员。未经上级党组织批准，擅自拖延换届选举时间的，上级党组织应给予严肃批评，责令限期进行换届选举。对于情节严重的，要对党支部主要负责人给予党纪处分。

党支部委员会提前改选有几种情况：一是委员缺额较多，使党支部工作受到严重影响的；二是党支部委员会存在严重问题，党员强烈要求改选的；三是由于其他原因，上级党组织决定提前改选的。党支部委员会延期改选有以下几种情况：一是多数委员被派遣临时外出工作，无法按期改选的；二是任期届满时，正值集中一段时间完成某项紧迫任务难以改选的；三是遇到某些突发性事件或自然灾害等，需要党支部全力以赴去处理的；四是党支部存在问题正在进行整顿，改选条件不具备的；五是党员外出较多，到会达不到规定人数的；六是新建立的单位，选举条件不成熟的，以及由于其他原因由上级党组织决定延期改选的。延长换届选举时间的延长期一般不得超过二年。

（二）补选党支部委员

补选党支部委员，一般是换届改选后的支部委员会，由于支部成员工作变动或其他原因出现缺额，影响党支部工作的正常开展时，要召开支部党员大会进行补选。补选党支部委员是在原党支部成员的基础上进行增补。有下列情况之一者，均应视为缺额，应予补选：党支部委员因故调离，或本人辞职，党支部委员离休退休或患严重疾病不能履行职务的；党支部委员受到撤销党内职务以上处分的。党支部书记或副书记因故调离，而本届党支部委员会任期未满，在这种情况下，上级党组织可以根据工作需要，任命新的书记或副书记。

党支部委员会成立以后，如果出现缺额情况应及时向上级党组织报告，并提出补选意见，在上级党组织同意后，才能召开支部党员大会进行补选。补选党支部委员，也要充分发扬民主，酝酿好候选人，经支部党员大会以无记名投票方式选举产生，然后报上级党组织批准。其他党支部的委员调入本支部的，不能成为本支部的当然委员，也不作为党支部委员会缺额时的当然补缺对象。上级党组织推荐作为本支部委员的，也必须进行补选。党支部书记或委员调到另一单位，并转去了党的正式组织关系，他在原单位的党内职务就自然免除。如果返回原单位，也不能自然恢复其党内职务。无论是指派的党支部书记、副书记，还是补选的党支部委员，其任职均至本届党支部委员会届满为止。

（三）选举出席上级党代表大会的代表

党支部选举出席上级党代表大会代表的条件和名额，必须按照上级党组织的要求办理。

出席上级党代表大会的代表，必须是在党员中有威信和受到信赖的正式党员。党员代表大会的代表，应能反映本选举单位的意见，代表党员的意志。选举出席上级党代表大会的代表时，候选人不限于本支部范围的党员，只要是党代表大会所属党组织范围内的党员，都可以被选为代表。任何人都不能不经选举而作为党员代表大会的代表。

出席上级党代表大会的代表，一般应由党支部党员大会直接选举产生。在选举前，可根据上级党委规定的代表条件的名额，由党支部委员会组织全体党员酝酿、提名候选人，然后党支部委员会根据多数人的意见确定候选人，候选人数应多于应选人数的 20%，最后提交党支部党员大会直接投票选举。

[相关文件]

关于党的基层组织任期的意见

党的十九大党章修正案规定："党的基层委员会、总支部委员会、支部委员会每届任期三年至五年。"为贯彻落实党章规定，严肃党内政治生活，严格党的组织制度，完善党的基层组织任期，现提出如下意见。

一、党的基层委员会每届任期一般为 5 年，党的总支部委员会、支部委员会每届任期一般为 3 年，其中，村和社区党的委员会、总支部委员会、支部委员会每届任期为 5 年。

本意见印发前已换届的党的基层组织，原则上从本届任期届满后，开始执行上述规定。

二、党的基层组织应严格执行任期制度，任期届满按期进行换届选举。如需延期或提前进行换届选举，应报上级党的委员会批准，延长或提前期限一般不超过1年。

三、各地区各部门各单位党委（党组）要高度重视，加强组织领导，确保党的基层组织任期调整统一规范、平稳衔接。根据党组织隶属关系和干部管理权限，上级党组织要切实负起责任，认真做好基层党组织领导班子调整配备等相关换届准备工作，及时提醒督促按期换届。

四、中国人民解放军、中国人民武装警察部队党的基层组织任期，由中央军委规定。

五、本意见自发布之日起施行。其他有关党的基层组织任期的规定，凡与本意见不一致的，按照本意见执行。

四、党内选举的原则

党内选举的原则是在进行党内选举时必须遵循的根本标准或法则。基本原则如下：

一是与党章保持一致原则，各级党组织要严格按照《党章》规定，按期召开党员大会或代表大会、改选党的各级委员会；

二是普遍选举原则，凡是正式党员，在党内都拥有选举权和被选举权；

三是平等选举原则，凡是正式党员，不受性别、年龄、民族、文化程度、经济条件的限制，都拥有选举权和被选举权，任何人都不能特殊；

四是自由选举原则，在党内选举中要真正体现选举人的意志，有选择是否投票的权利，也有选择投谁不投谁的权利；

五是差额选举原则，在选举过程中，为体现竞争性，候选人的名额应多于应选人的名额，确保优中选优；

六是秘密投票原则，秘密投票是相对于举手表决和公开投票而言的，是指党员根据自己的意愿完全自主地秘密填写选票和投票，选举意愿对所有人保密；

七是直接选举与间接选举相结合原则，由于中国特殊的国情，党内选举的各个层次不能普遍采用直接选举，只能暂时采用直接选举与间接选举相结合的方式；

八是公开透明原则，党内选举程序设计要公正，程序操作要公开，不允许"暗箱操作"；

九是多数决定原则，党内选举要遵循民主集中制，体现多数选举人的意志，采用无记名投票的方式由参与投票的选举人多数表决通过。

［案例介绍］

窑头镇严把"四道关"有序推进村（社区）党支部换届选举工作

为切实做好此次基层党支部换届选举工作，窑头镇党委高度重视，严把"宣传关、入口关、程序关、监督关"，精心部署，有序推进基层党支部换届选举工作。7月27日上午，窑头镇15个村（社区）圆满完成党组织换届选举工作。

一是严把"宣传关"，精心抓好宣传动员。通过召开换届动员大会、张贴标语、入村宣传、微信转发等全方位、多层次的宣传活动，让"一肩挑""五不能""十不准"等政策要求和换届纪律、换届精神家喻户晓，在全镇上下营造一个良好的换届氛围。二是严把"入口关"，精心抓好选人用人标准。要求各支部在选举前要征求党员和群众意见，积极引导各支部提升年轻化、素质高同志的参选积极性，坚持德才兼备、群众公认的原则，严格把好"入口关"，真正把守信念、重品行、讲奉献、有本领、敢担当的优秀党员选入支委委员候选人。三是严把"程序关"，精心抓好换届选举程序步骤。成立了换届领导小组，制定了镇、村两级换届方案，安排专人负责村党组织换届选举工作，并向每个村派出换届工作指导组，全程参与指导，严格按照"两推一选""公推直选"步骤流程，确保换届选举工作规范有序。四是严把"监督关"，精心抓好换届风气监督。该镇党委对换届选举的每个阶段、每项工作、每个细节都严格把关，及时了解工作进展情况，准确掌握各种动态。针对出现的问题，及时请示汇报，果断处理，确保基层党支部换届选举工作扎实有序开展。

全镇各村（社区）始终坚持严把"四道"的原则，将一批党性强、文化素质高、廉洁自律能力强、有奉献精神、公道正派、服务意识强的党员选进了村（社区）党组织领导班子，为推进全镇经济社会发展提供了坚强的组织保证。

（《窑头镇严把"四道关"有序推进村（社区）党支部换届选举工作》，万安县人民政府网，2018 年 7 月 27 日）

五、进行换届选举的党支部党员大会的主要议程

在党支部委员会任期届满之前（一般提前一个月至二个月），召开党支部委员会全体会议，研究召开党支部党员大会进行换届选举的有关事宜，包括是否按期进行换届选举，确定召开支部党员大会的时间、议程；下届党支部委员会委员、书记、副书记名额，委员候选人提名，支部党员大会选举办法等。会后，党支部委员会应向上级党组

织呈报关于召开支部党员大会进行换届选举的请示。

召开党支部党员大会进行换届选举的请示经上级党组织批准后，即可召开党支部委员会全体会议，研究召开支部党员大会的筹备事项，组织酝酿、推荐下届委员会委员、书记、副书记候选人预备人选；起草委员会的工作报告和党费收缴使用情况的报告等。

按照有关规定和上级党组织的要求，党支部委员会负责做好支部党员大会筹备工作。筹备过程中，坚持重大问题集体讨论决定，并注意与上级党组织沟通。

向上级党组织呈报关于下届党支部委员会委员、书记、副书记候选人预备人选的请示。候选人预备人选应在党支部委员会全体会议上研究确定。

上级党组织对下届党支部委员会委员候选人预备人选的请示批复后，党支部委员会即可召开党小组长会议，介绍支部党员大会准备工作情况，确定支部党员大会召开时间和其他有关事项。

召开党支部党员大会。会议议程是：宣布支部党员大会开会；唱（奏）国歌；党支部委员会负责同志作工作报告；作党费收缴使用情况的报告。

以党小组为单位，审议党支部委员会工作报告（党费收缴使用情况报告）；酝酿候选人建议名单讨论大会选举办法（草案）；推选监票人、计票人。

召开党支部委员会全体会议，听取党支部委员会工作报告（党费收缴使用情况报告）的讨论情况汇报，研究提出修改意见；听取大会选举办法（草案）、下届党支部委员会候选人建议名单的讨论情况汇报，确定候选人名单；审议通过监票人、计票人名单。

召开党支部全体党员大会进行选举，主要程序是：（1）清点到会党员人数。大会主持人向大会报告应参加大会的党员人数和实际参加大会的党员人数。到会的有选举权的党员人数符合规定人数后，即可进行选举。（2）通过选举办法。（3）推选（通过）监票人，宣布计票人。（4）宣布下届党支部委员会委员名额和候选人名单。（5）监票人当场检查票箱，计票人分发选票。大会主持人说明填写选票注意事项。（6）选举人填写选票，并按指定顺序投票。（7）监票人、计票人清点选票，确认选举是否有效。（8）计票人在监票人监督下计票。（9）计票结束后，监票人向大会报告被选举人得票情况。进行预选的，由监票人向大会主持人报告；进行正式选举的，由监票人向大会报告，并由大会主持人向大会宣布当选人名单。

党支部党员大会的选举，由党支部委员会主持，通常应确定一名负责同志具体主持会议的选举。不设委员会的党支部进行选举，由支部书记主持。

[方法辅导]

做党支部党员大会的会议记录，不是随便记录就可以了，而是要写很多材料，且文笔还要流畅。具体来说，有"四要"：一要研究过去的会议记录，明确要求。我们常常会遇到很多不懂的问题，在这种情况下，可以从过去记录的细节、要求、篇幅中学习。二要确定主持人、与会人员、主题等问题。正式开会前，一般都会提前通知大家关于会议的主题、时间、地点等。在会议正式开始以前，要赶紧记录主持人、与会人员、主题等详细信息，以防会议结束以后忘记了。三要体现主题的要点，要全且精。在开会过程中，注意听主持人讲话，将会议的要点写下来，然后进行完善。假如在会上没记录清楚，可以在会后问问主持人，或者拿到会议讲话的文稿，据此完善会议记录。四要适当增加一些对问答环节的记录。很多时候，党员们在大会上要交流沟通一些问题，虽然有一些可能与会议主题相关性不大，但是也应该如实记录，这样的会议记录才是有血有肉的，而不是抄材料拼凑的。如此，一篇优质的党支部党员大会会议记录就能出炉了。

六、进行换届选举时党支部党员大会的主要程序

召开党支部全体党员大会。大会由本届委员会主持。主要程序如下。

（1）清点并宣布到会人数，确认会议有效。

（2）宣布开会。

（3）唱（奏）国歌。

（4）宣布会议议程。

（5）书记向大会作本届委员会工作报告（报告的审议可放在会后，另行安排时间进行）。

（6）宣读上级党组织关于委员会候选人的批复。

（7）宣布候选人名单，介绍候选人的情况。

（8）通过选举办法、监票人名单；宣布计票人名单。

（9）选举：

①监票人确认有选举权党员人数，检查票箱，发放选票，登记发出票数；

②选举人填写选票、投票；

③清点选票，确认选举是否有效；

④计票；

⑤监票人宣布计票结果。

（10）会议主持人宣布当选委员名单。

（11）当选委员（或委员代表）发言。

（12）到会上级领导发言。

（13）宣布会议结束。

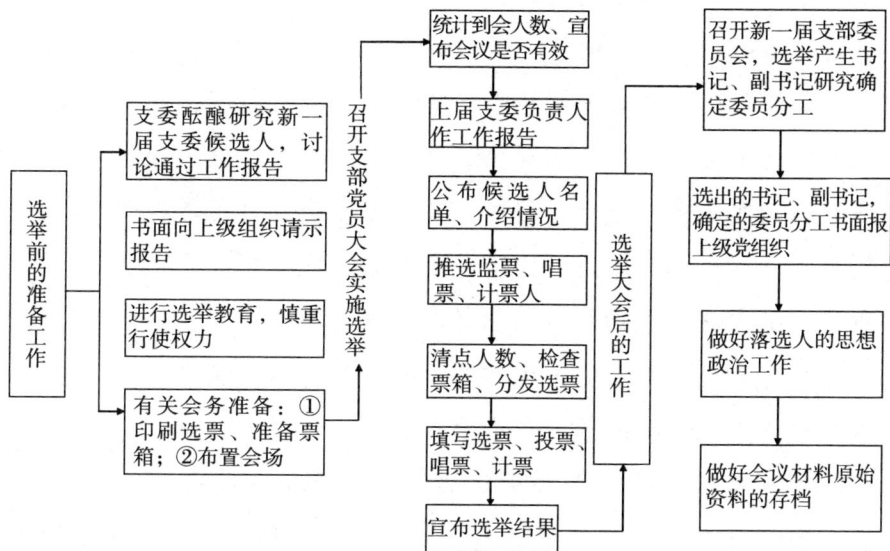

党支部委员会换届选举流程图

[警示案例]

关于泸阳镇泸阳村党支部换届选举
存在违规违纪问题的通报

各乡镇党委、县直机关党组（党委）：

全县村（社区）"两委"换届选举工作会议召开以来，乡镇党委切实履行换届选举政治责任，严格落实省委、市委和县委的决策部署，加强换届选举业务指导和换届风气监督，推动村（社区）"两委"换届选举工作有力有序进行。但仍有个别地方党员干部顶风违纪、拉票贿选，个别干部履责不力，造成了不良影响。近期我县查处泸阳镇泸阳村党支部换届选举的违纪问题，现将有关问题通报如下。

一、泸阳镇泸阳村党支部换届选举存在的主要问题

1. 镇党委组织领导不力、把关不严。一是泸阳镇党委对泸阳村党支部委员候选人资格把关不严。3月10日，泸阳镇党委研究确定

泸阳村党支部委员候选人时，在明知周波被中方县人民法院列为失信执行人的问题尚未查清的情况下，将其列为泸阳村 7 名支委候选人之一。二是泸阳镇党委对泸阳村党支部换届选举的突出问题政治敏锐性不强，应对不及时，处置不到位。泸阳镇党委在掌握泸阳村党支部换届选举的一些突出问题后，虽然召开了党委会议进行专题研究，但是对问题的分析不全面，应对的措施不具体，主要领导没有引起足够的重视，没有在一线进行具体的指导和把关，致使 3 月 25 日泸阳村支委会选举时出现程序上的重大问题。宋彬作为镇党委的主要领导，对镇党委组织不力，把关不严负有重要领导责任。

2. 镇党委违反选举办法规定的程序和要求，相关工作人员履职不力。3 月 25 日下午，泸阳镇党委委员、武装部长、泸阳村"两委"换届选举工作指导组组长、联村领导张中荣在未向镇党委请示报告的情况下，擅自从镇党委委员、组织委员胡蓉手中领取了泸阳村支委会选举正、副书记选票，并自己主持召开了泸阳村支委会，选举支部书记和副书记，且在选举过程中未推选监票人、计票人和设置投票箱，严重违反了《选举办法》的有关规定。根据《中国共产党基层组织选举工作暂行条例》和《中方县泸阳镇村（社区）党组织换届选举工作实施方案》有关规定，调查组认定 3 月 25 日泸阳村支部委员会第一次全体会议选举书记、副书记时，违反选举办法规定的程序和要求，选举无效，并造成了严重的不良影响。张中荣擅自主持会议和组织选举，负有直接责任；胡蓉对选举程序把关不严，擅自发放选票，负有一定的责任。

3. 支委候选人初步人选周波存在拉票贿选行为。2017 年 3 月 8 日下午，泸阳镇泸阳村支部委员候选人推荐人选周波（原杨桥村支部书记）在党员和群众代表推荐大会结束后，到党员和群众代表就餐地点聚湘源餐馆给原小坪村就餐的党员发放蓝嘴芙蓉王香烟。周波严重违反了村（社区）"两委"换届纪律有关要求。

二、处理情况

针对泸阳镇泸阳村党支部换届选举中存在的违规违纪问题，经2017年4月1日县纪委常委会议研究并报县委常委会议同意，决定：由县选举领导小组确认泸阳村支部委员会第一次会议选举支部书记、副书记的选举无效；对泸阳镇党委书记宋彬进行诫勉谈话，并在镇党委会议上作出深刻检查；对泸阳镇党委委员、组织委员胡蓉进行诫勉谈话；对泸阳镇党委委员、武装部长张中荣的违纪问题进行党纪立案审查；责成泸阳镇党委、镇纪委对周波被中方县人民法院列为失信被执行人的问题按有关规定和程序取消其支部委员当选资格，并对其违反换届纪律的问题进行党纪立案审查；对泸阳村其他支部委员和涉事人员是否存在违纪违法的问题进行进一步调查核实。

三、几点要求（略）

七、党支部党员大会和党支部委员会选举办法

党支部党员大会的选举办法，一般由党支部委员会负责起草，提交支部党员大会讨论并表决通过。党支部委员会第一次全体会议的选举办法，一般由党支部委员会负责起草，由会议主持人提交全体委员讨论并表决通过。

选举办法一般应包括以下内容：（1）制定选举办法的依据；（2）选举的任务；（3）提名确定候选人的办法；（4）确定当选人的原则；（5）候选人、当选人名单排列顺序的规定；（6）填写选票的注意事项；（7）监票人、计票人产生办法；（8）选举的方式、程序；（9）选举的有效性和有效票的规定；（10）选举的纪律；等等。

制定选举办法应注意的问题是：（1）必须符合党章和党内选举工作条例等有关规定；（2）内容要具体、明确、全面，对选举中可

能出现的各种情况都要有明确的处理方法；（3）选举程序步骤要清晰，便于操作；（4）文字准确，简明易懂，不用可能产生歧义的表述。

八、基层党组织委员会委员增补程序

（一）增补条件

在本届党组织委员会任期内，书记、副书记、纪委书记、其他委员有下列情况之一的，均视为缺额，应及时增补：

（1）因工作变动、离休、退休、辞职等原因调离本单位，党组织关系转出的。

（2）因患严重疾病不能履行职务的。

（3）受到撤销党内职务以上处分的。

（4）其他不能履行职务的情况。

（二）增补程序

增补程序分为书记、副书记、纪委书记增补程序和除书记、副书记、纪委书记以外的委员增补选举程序。

书记、副书记、纪委书记增补程序如下：

（1）在党组织内部讨论增补事宜，由委员会酝酿提出新任书记、副书记、纪委书记人选。

（2）向上级党委报送书面请示，提出增补意见。请示中注明本届委员会基本情况、增补理由、增补候选人名单以及候选人酝酿产生方式等，同时填写党的基层组织委员会候选人登记表。

（3）上级党委经研究后任命新增补的党组织书记、副书记、纪委书记。

除书记、副书记、纪委书记以外的委员增补选举程序如下：

（1）在党组织内部讨论增补选举事宜，按照不低于 20% 的差额比例酝酿提出新任委员候选人预备人选。

（2）向上级党委报送书面请示，提出增补选举意见。请示中注明本届委员会基本情况、增补理由、本次增补选举时间、增补委员候选人名单、候选人酝酿产生方式以及增补选举办法等，同时填写党的基层组织委员会候选人登记表。

（3）经上级党委批复同意后，召开党员大会进行增补选举，增补选举与换届选举程序保持一致。

（4）选举结果报上级党委备案。

（三）**需要注意的几个问题**

（1）书记、副书记、纪委书记、委员候选人预备人选必须是本单位党组织党员。

（2）委员增补选举程序要符合党章、《中国共产党党和国家机关基层组织工作条例》和《中国共产党基层组织选举工作暂行条例》有关规定，实行差额选举。

（3）新增补的党组织书记、副书记、纪委书记、委员，任期至本届党组织届满为止。

九、会议有效性与不能参加选举的适用情形

党支部党员大会进行选举时，有选举权的到会人数超过应到会人数的 4/5（含达到 4/5），会议有效。为了保证党支部的选举工作能够顺利进行，党员因下列情况不能参加选举的，经报上级党组织同意，并经支部党员大会通过，可以不计算在应到会人数之内：

（1）患有精神病或因其他疾病导致不能表达本人意志的；

（2）自费出国半年以上的；

（3）虽未受到留党察看以上党纪处分，但正在服刑的；

（4）年老体弱卧床不起和长期生病、生活不能自理的；

（5）工作调动，下派锻炼、蹲点，外出学习或工作半年以上等，按规定应转走正式组织关系而没有转走的；

（6）已经回原籍长期居住的离退休人员中的党员，因特殊情况，没有从原单位转出党员组织关系、确实不能参加选举的。

凡上述情况之外的党员不能参加党员大会进行选举，仍应计算在应到会人数之列。

十、临时组织关系转到外单位的党员的选举权和被选举权

党员证明信是党员临时外出参加组织生活的凭证，党员临时外出学习、工作以及其他原因离开所在地方或单位时间较短（6 个月以内），一般应开具党员证明信交所去单位党组织，证明其党员身份。党员证明信由党员所在基层党委负责开具。独立党支部、党总支部以上党组织均可直接接收党员证明信。

持党员证明信的正式党员，其组织关系没有转移，只能在所去单位党组织参加活动，仍在原单位参加党的组织生活、交纳党费和享有表决权、选举权和被选举权。

没有转移党员组织关系，或只有党员证明信的党员，在新工作单位党组织内不享有选举权、被选举权和表决权，当然也就不能担任新工作单位党组织的职务。

持党员证明信的党员，在临时党组织内，可以享有选举权、被选举权和表决权，可以担任临时党组织的职务。

十一、选举前如何介绍候选人

党章规定，选举人有了解候选人情况的权利。选举前实事求是地向选举人介绍候选人的情况，是选举单位的党组织或党代表大会主席团的重要职责，也是切实保障选举人能充分行使民主权利，搞好党内选举的重要环节。候选人的简历、工作实绩和主要优缺点等，是选举人在选举中进行选举的基本依据。只有在选举前认真负责地向选举人介绍候选人的各方面情况，使选举人真正了解候选人，选举人才能在投票时择优选举，避免盲目投票；才能有效地防止选举走形式，真正体现选举人的意志。

十二、换届选举如何保障选举人权利

选举权和被选举权是党员享有的基本权利，是党员参与党内事务的具体形式，是党的民主集中制的重要标志。保障党员的选举权和被选举权，一是要建立健全党员大会或党代表大会制度，按期换届选举。二是要实事求是地向选举人介绍候选人的基本情况，对选举人提出的询问要作出负责的答复。三是不得搞"保证"选举。选举人有权对候选人投赞成票或不赞成票，也可以弃权。选举人不选已确定的候选人，另选他人或选自己，任何人不得干涉。四是每一个党员或党代表，应该正确对待自己的选举权和被选举权，也应该尊重别人的选举权和被选举权，尊重多数选举人的意志。五是有关的党组织对于侵犯选举人与被选举人权利的行为，应严肃处理。

十三、什么是直接选举和间接选举

直接选举：有选举权的人直接参加选举行使选举权利的选举方式。党内的直接选举，一般是在党的基层组织进行，即召开党员大会，由党员直接投票选举党的支部委员会、党的总支部委员会、党的基层委员会或出席上级党的代表大会的代表。

间接选举：有选举权的人通过选出的代表进一步行使选举权利的选举方式。党内的间接选举，一般是在党的中央组织、党的地方组织和部分基层组织进行，即召开党代表大会，由同级党代表大会代表选举党的委员会（纪律检查委员会）或出席上级党代表大会的代表。

十四、什么是等额选举和差额选举

党内选举有两种形式，一是等额选举，二是差额选举。

等额选举，是指候选人数与应选人数相等的选举。目前实行等额选举的，主要有党的中央政治局委员，中央政治局常务委员会委员，中央纪律检查委员会书记、副书记；党的地方各级委员会和纪律检查委员会书记、副书记；党的基层组织的书记、副书记经上级党组织批准，也可以实行等额选举。等额选举，选举人可按照候选人名单投票，也可以另选他人，但所选举的人数必须与应选人数相等。党内选举对等额选举的范围进行了严格的限制，一般只限于党的各级委员会和纪律检查委员会的书记、副书记的选举。

差额选举，就是在选举中实行候选人数多于应选人数的不等额选举。按照《中国共产党基层组织选举工作暂行条例》的规定，党的基层委员会、总支部委员会、支部委员会和各级纪律检查委员会，以及经上级党组织批准设立的党的基层委员会常务委员会的委员，都要实行差额选举，其中委员会委员的差额，为应选人数的20%；常务委员会候选人名额，要比应选名额多一人至二人。

差额选举的形式有两种：一是直接采用候选人数多于应选人数的差额选举办法进行选举；二是先采用差额选举办法进行预选，产生候选人名单，然后进行正式选举。此外，在党内选举中，还有一种不提出候选人直接由选举人"海选"的办法。这也是差额选举的一种形式，适用于党员数量较少、党员之间比较了解的党组织的选举，党支部选举中用这种形式的比较多。

党章规定，选举采用无记名投票的方式。采用这种方式，可以使选举人不受候选人在场的影响，充分表达自己的意愿，选出自己信得过的人。

十五、如何确定预选、正式选举和当选

预选，即在正式选举之前为确定正式候选人进行的预备性选举。党代表大会或党员大会选举产生党的委员会（纪律检查委员会）委员，一般可先采用差额预选方式，选举产生正式候选人，然后进行正式选举。实践证明，在党内选举中实行差额预选，有利于选举工作的组织实施。

经差额预选产生正式选举候选人后，在正式选举时一般可不再实行差额选举。预选的主要目的是产生与应选名额相等的候选人，使正式选举易于成功。如在预选中，得赞成票超过实到会有选举权人数半数的被选举人多于应选名额时，一般应按照得票多少顺序确定出与应选名额相等的候选人名单，正式选举时不再实行差额选举。必要时经党支部党员大会决定，也可以将得赞成票超过半数者都作为候选人，正式选举时再实行差额选举。预选的结果应向主持选举的党组织报告。

党的代表大会或党员大会选举产生党的委员会委员和纪律检查委员会委员，一般可先采取差额预选方式，选举产生正式候选人，然后进行正式选举。

预选的目的，是确定正式候选人。预选后，被选举人得票情况应由监票人向主持选举的领导机关报告。由主持选举的领导机构根据大会通过的选举办法确定正式候选人名单并通告选举人，然后提交大会进行正式选举。

实行差额预选时，赞成票超过实到会有选举权的人数半数的，方可列为候选人。

在选举有效的前提下，被选举人获得的赞成票超过应到会（基层党组织选举为实到会）人数半数的，始得当选。获得赞成票超过半数的被选举人数多于应选名额时，以得票多的当选。如遇票数相等不能确定当选人时，应就票数相等的被选举人重新投票，得票多的当选。当选人少于应选名额时，对不足的名额另行选举。如果接近应选名额，也可以减少名额，不再进行选举。

十六、监票人和计票人的职责

监票人的产生程序是：党员大会选举的监票人，由全体党员从不是候选人的党员中推荐，经党员大会表决通过；党支部委员会第一次全体会议选举的监票人由会议主持人从不是候选人的委员中提名，经选举人表决通过。

监票人的主要职责是：

（1）投票前检查票箱，监督发放选票；

（2）投票时监督投票；

（3）投票结束后，当众打开票箱，监督计票人清点选票，核实收回的选票数是否与发出来的选票数相等，并将核实情况如实报告会议主持人；

（4）在会议主持人宣布选举有效后，监督计票人计票；

（5）计票结束后，审核计票结果并签字。

党员大会或党员代表大会选举，党的基层委员会、总支部委员会、支部委员会选举，都要设选举计票人。计票人在监票人监督下进行工作。

计票人的主要职责是：

（1）在监票人监督下分发、清点和计算选票；

（2）在计票结果报告单上签字。

投票结束后，监票人、计票人将投票人数和收回的选票数加以核对，如实记录，由监票人签字并公布候选人的得票数；由会议主持人宣布当选人名单。

十七、如何界定有效票和无效票

每一张选票所选人数，等于或少于规定应选人数的为有效票，多于规定应选人数的为无效票。选票的票面除规定的项目外，不得编号或做任何记号，否则应视为废票。

无效票有哪几种形式？

从无效票的现象划分，有四种形式：一是多于规定的应选人数填票划票；二是不按规定的符号划票；三是选票内容无法辨认；四是胡写乱画。从选票的失效程度划分，对三种职务用同一张选票的有两种形式：一是整体作废，即选票的主任、副主任、委员三种职务栏，均未按照规定填票，造成整张选票作废；二是局部作废，即在三种职务栏中，有一栏或二栏按规定填票，但有二栏或一栏未按规定填票划票，造成部分有效，部分作废。从选举人主体意识划分，有无意填错划错的无效票和故意填错划错的无效票两种。无效票的认定规则由选举委员会确定并于事前公布。

十八、如何确定选举有效和选举无效

确定党支部党员大会选举有效，须有支部全体党员（有选举权的党员）4/5以上出席并参加选举，收回的选票等于或少于发出的选票，选举有效；收回的选票多于发出的选票，选举无效，应重新进行选举。

十九、党支部委员会第一次全体会议程序

召开党支部委员会第一次全体会议，选举党支部委员会书记、副书记（经上级党组织批准，由党员大会选举产生党支部委员会书记、副书记，新选出的党支部委员会第一次全体会议没有此项议程）；通过党支部委员会有关决议；新当选的党支部委员会书记讲话。

召开新一届支委会第一次会议，确定支委会委员的分工选举大会结束后，党支部应及时召开支委会第一次会议。会议由支委会委员推荐一名新当选的委员主持。会议的主要内容是根据上级党组织审查同意的党支部书记候选人名单等额选举产生支部书记（选举办法参照支部委员选举办法），以及研究支部委员的分工。

二十、没有选举任务的党支部党员大会程序

党支部党员大会一般应由党支部书记主持。根据需要也可由支部书记委托支部副书记主持。

（1）主持者要报告本支部党员的应到数、实到数、缺席数，说明个别党员缺席的原因；宣布会议是否有效。

（2）围绕会议的中心议题，按预定议事程序进行。每个党员要充分发表意见，认真展开讨论。需要贯彻落实会议精神的，应提出具体的要求；需要作出决议的议题，按少数服从多数的原则进行表决。

（3）要做好会议记录。记录的内容为：会议时间、地点、党员出席和缺席情况，大会的中心议题，党员发言的要点，讨论中的不同意见，支部党员大会作出的决议等。会议结束后，记录要归档保存。

二十一、召开接收新党员的党支部
党员大会有哪些注意事项

（1）全体党员都应参加。如果到会有表决权的正式党员人数不超过党支部有表决权的正式党员的半数，支部党员大会应改期召开。

（2）申请人及其介绍人必须参加党支部党员大会。如申请人因故不能参加时，大会应改期召开。如遇特殊情况，介绍人中有一人不能出席，但在会前已向支部作了负责的介绍，大会可以召开。

（3）在讨论表决时，如果有少数同志提出相反意见，又属于正常的情况，这并不影响讨论通过，不要强求统一认识。

（4）支部党员大会表决时，申请人不必退席。

（5）在表决时，党员弃权，在原则上是允许的。但这不是积极态度，不宜提倡。积极的态度是在会上提出自己的意见，把不了解的情况弄清楚。

（6）支部党员大会讨论两个人以上的入党问题，则应逐一讨论，讨论一个表决一个。

〖**辅助资料**〗

党支部党员大会接受预备党员的决议，是上级党组织审批党员的主要依据之一。

党支部党员大会决议的写法是：

第一，标题。一般可写"支部大会通过接收×××同志为中共预备党员的决议"或"关于吸收×××同志为中共预备党员的决议"。入党志愿书上已有固定栏目，抄写时不必再写标题。

第二，正文。内容基本包括两个方面：一是党支部党员大会对申请入党人的基本评价。要写明申请人的入党动机是否端正，对党的认识是否明确，政治态度、思想觉悟、理想信念如何，以及工作、学习、作风、纪律等方面的表现情况，按照党员标准衡量还有哪些缺点毛病等。二是党员大会表决情况。要写明支部党员数和会议实到党员数，其中有表决权的党员数；表决时同意、不同意和弃权的党员数，以及通过决议的日期等。

第三，署名和日期。正文下面要写上党支部党员大会的名称和年月日。党支部书记要在指定栏目内签名并盖章。

例如：

支部大会通过接收叶××同志为预备党员的决议

中共××市×××机关党支部于××××年××月××日召开了全体党员大

会，讨论了叶××同志的入党问题。与会同志认为，叶××同志于××××年向党组织提出入党申请以后，努力以实际行动争取早日成为一名光荣的共产党员。她认真并较系统地学习了党的基本知识，经常征求党内外同志对自己的意见，及时向党支部汇报自己的思想，不断提高自己的思想觉悟，对党的认识明确，入党动机端正，有为共产主义事业奋斗终身的决心。在思想上，自觉和党中央保持一致，以"八荣八耻"为指针，努力为建设有中国特色的社会主义而奋斗。她能够自觉地用共产党员的标准要求自己，正确处理整体利益和个人利益的矛盾，积极参加各项集体活动，利用自己的专长热情为同志们服务，乐于助人，工作学习等各方面都较为突出。不足之处是性格比较急躁，做思想政治工作不够耐心。

经支部审查，叶××同志个人历史、直系亲属和主要社会关系清楚，现实表现符合共产党员的标准。经支部大会充分讨论，同意吸收叶××同志为中共预备党员。

表决结果：本支部共有党员××名，正式党员××名，到会××名。经举手表决，全体一致通过接收叶××同志为中共预备党员。

中共××市×××机关党支部

支部书记×××

××××年××月××日

第三章　党支部委员会制度

一、党支部委员会制度的内容

根据党的十九大党章和党内有关规定，党支部委员会制度的基本内容包括：

（1）党支部委员会设置制度。党支部委员会的设置，应当根据工作需要和党员人数确定，并经上级党组织批准。党支部委员会一般设委员3—5人，最多不超过7人，设书记1人，必要时增设副书记1人。党员人数较少的党支部（如党员不足7名的党支部），可不设支部委员会，只设书记1人，必要时增设副书记1人。

（2）党支部委员会选举制度。党支部委员会由支部党员大会选举产生，支部委员会的书记、副书记选举产生后，应报上级党组织批准。党支部委员会向支部党员大会负责并报告工作。

（3）党支部委员会任期制度。按照党章和党内有关规定，党支部委员会和不设支部委员会的支部书记、副书记，每届任期3年或者5年。

（4）党支部委员会领导制度。党支部委员会实行集体领导和个人分工负责相结合的制度。实行党支部委员会集体领导，就是凡属重大问题都要由委员会集体讨论决定，任何个人无权自作主张；委员会成员要坚决执行集体作出的决定，要按照分工，切实履行自己的职责，认真负责地开展工作，不允许各行其是。规定党支部委员个人分工负责，就是要明确党支部委员会每个成员所承担的具体责任，做到事事有人管、人人有专责。党支部书记要提高运用民主方法形成共识、开展工作的本领，注意听取不同意见，防止个人说了算。

（5）党支部委员会会议制度。党支部委员会会议一般每月召开一次。凡属重大问题都要按照集体领导、民主集中、个别酝酿、会议决定的原则，由党支部委员会集体讨论，作出决定；党支部委员会成员要根据集体的决定和分工，切实履行自己的职责。根据工作需要，党支部委员会会议也可随时召开，也可召开支委扩大会议，吸收党员和非党员领导干部列席，听取意见。党支部委员会会议由党支部书记主持。

二、党支部党员大会和党支部委员会之间关系

党支部党员大会和由它选举产生的党支部委员会是党支部的领导机关。支部委员会在支部党员大会闭会期间，负责支部的日常工作。

支部委员会要对支部党员大会和上级党组织负责，定期向支部党员大会报告工作，接受它的审查和监督。支部的重大问题，如研究贯彻上级党组织的决议、指示，选举新的支部委员会，接收新党员，决定对犯错误党员的处分等，都应由支部党员大会讨论决定。支部党员大会作出的决定，支部委员会要认真贯彻执行，不能修改或推翻。为了便于支部党员大会对问题进行讨论和作出决定，支部委员会可以提出初步意见和方案，但不能把它强加给支部党员大会，更不允许把支部委员会置于支部党员大会之上。支部委员会作出的决议和决定，支部党员大会有权修改或否定。如果发现支部党员大会的决议不符合党

的路线、方针、政策和上级党委的决议时，支部委员会可请示上级党组织裁决或重新召开支部党员大会讨论决定。

三、党支部委员会的基本任务

（1）宣传和贯彻落实党的理论和路线方针政策，宣传和执行党中央、上级党组织及本党支部的决议。讨论决定或者参与决定本地区本部门本单位重要事项，充分发挥党员先锋模范作用，团结组织群众，努力完成本地区本部门本单位所担负的任务。

（2）组织党员认真学习马克思列宁主义、毛泽东思想、邓小平理论、"三个代表"重要思想、科学发展观、习近平新时代中国特色社会主义思想，推进"两学一做"学习教育常态化制度化，学习党的路线方针政策和决议，学习党的基本知识，学习科学、文化、法律和业务知识。做好思想政治工作和意识形态工作。

（3）对党员进行教育、管理、监督和服务，突出政治教育，提高党员素质，坚定理想信念，增强党性，严格党的组织生活，开展批评和自我批评，维护和执行党的纪律，监督党员切实履行义务，保障党员的权利不受侵犯。加强和改进流动党员管理。关怀帮扶生活困难党员和老党员。做好党费收缴、使用和管理工作。依规稳妥处置不合格党员。

（4）密切联系群众，向群众宣传党的政策，经常了解群众对党员、党的工作的批评和意见，了解群众诉求，维护群众的正当权利和利益，做好群众的思想政治工作，凝聚广大群众的智慧和力量。领导本地区本部门本单位工会、共青团、妇女组织等群团组织，支持它们依照各自章程独立负责地开展工作。

（5）对要求入党的积极分子进行教育和培养，做好经常性的发展党员工作，把政治标准放在首位，严格程序、严肃纪律，发展政治品质纯洁的党员。发现、培养和推荐党员、群众中间的优秀人才。

（6）监督党员干部和其他任何工作人员严格遵守国家法律法规，严格遵守国家的财政经济法规和人事制度，不得侵占国家、集体和群众的利益。

（7）实事求是对党的建设、党的工作提出意见建议，及时向上级党组织报告重要情况。教育党员、群众自觉抵制不良倾向，坚决同各种违纪违法行为作斗争。

（8）按照规定，向党员、群众通报党的工作情况，公开党内有关事务。

四、党支部委员会的主要职责

党支部委员会是按照支部会议的决议来处理支部的日常工作的会议制度。定期召开支部委员会是支部会议闭会期间贯彻执行民主集中制的主要形式和主要制度。党支部委员会主要研究贯彻执行上级党组织和支部党员大会的决议、指示和意见，研究党的建设和党员管理教育方面的问题；研究培养、发展新党员方面的问题；讨论研究协调工、青、妇等群众组织工作方面的问题；制定支部工作计划，检查、总结工作进展情况。

不同领域党支部结合实际，分别承担各自不同的重点任务。

（1）村党支部。全面领导隶属本村的各类组织和各项工作，围绕实施乡村振兴战略开展工作，组织带领农民群众发展集体经济，走共同富裕道路，领导村级治理，建设和谐美丽乡村。贫困村党支部应当动员和带领群众，全力打赢脱贫攻坚战。

（2）社区党支部。全面领导隶属本社区的各类组织和各项工作，围绕巩固党在城市执政基础、增进群众福祉开展工作，领导基层社会治理，组织整合辖区资源，服务社区群众、维护和谐稳定、建设美好家园。

（3）国有企业和集体企业中的党支部。保证监督党和国家路线方针政策的贯彻执行，围绕企业生产经营开展工作，按规定参与企业重大问题的决策，服务改革发展、凝聚职工群众、建设企业文化、创造一流业绩。

（4）高校中的党支部。保证监督党的教育方针贯彻落实，巩固马克思主义在高校意识形态领域的指导地位，加强思想政治引领，筑牢学生理想信念根基，落实立德树人根本任务，保证教学科研管理各项任务完成。

（5）非公有制经济组织中的党支部。引导和监督企业严格遵守国家法律法规，团结凝聚职工群众，依法维护各方合法权益，建设企业先进文化，促进企业健康发展。

（6）社会组织中的党支部。引导和监督社会组织依法执业、诚信从业，教育引导职工群众增强政治认同，引导和支持社会组织有序参与社会治理、提供公共服务、承担社会责任。

（7）事业单位中的党支部。保证监督改革发展正确方向，参与重要决策，服务人才成长，促进事业发展。事业单位中发挥领导作用的党支部，对重大问题进行讨论和作出决定。

（8）各级党和国家机关中的党支部。围绕服务中心、建设队伍开展工作，发挥对党员的教育、管理、监督作用，协助本部门行政负责人完成任务、改进工作。

（9）流动党员党支部。组织流动党员开展政治学习，过好组织生活，进行民主评议，引导党员履行党员义务，行使党员权利，充分发挥作用。对组织关系不在本党支部的流动党员民主评议等情况，应当通报其组织关系所在党支部。

（10）离退休干部职工党支部。宣传执行党的路线方针政策，根据党员实际情况，组织参加学习，开展党的组织生活，听取意见建议，引导他们结合自身实际发挥作用。

五、党支部委员会请示报告工作制度

（1）党支部委员会定期向支部党员大会报告工作，听取党员的意见，接受党员的评议和监督。

（2）党支部委员会定期向上级党组织报告工作。对政策上把握不准的问题随时请示报告，对上级党组织布置的工作要及时汇报完成情况，主动接受上级党组织的领导和监督。

（3）每个党员都要按时参加党支部组织的活动，认真负责地向党支部（党小组）汇报自己的思想和工作情况。党员外出时间较长，应以书面形式，向党支部（党小组）汇报思想和工作情况，自觉接受党组织的教育和监督；遇有重大事项，应当随时向党支部（党小组）汇报和反映。

（4）入党积极分子联系人、入党介绍人应当定期向党支部（党小组）汇报被介绍人的思想、工作、学习等情况。

六、党支部委员会议事规则和决策程序

（1）党支部议事原则是：在民主集中制下，按照集体领导、民主集中、个别酝酿、会议决定的原则。

（2）党支部委员会必须坚持民主集中制原则，实行集体领导与个人分工负责相结合的制度。

（3）按照集体领导、民主集中、个别酝酿、会议决定的原则，讨论决定重大问题。凡属党支部委员会职责范围内的重大问题，都必须按照少数服从多数的原则，由党支部委员会集体讨论决定，党支部委员会任何成员都不能个人决定重大问题。

（4）按照议事规则应当由党支部委员会集体讨论决定的事项，必须列入会议议程。应当由党支部委员会集体讨论决定的事项是：讨论研究贯彻落实党的路线、方针、政策和上级党组织指示精神的具体意见和措施；讨论研究党支部工作计划及其落实措施；讨论检查党支部自身建设工作；讨论研究本单位群团组织的重要工作；讨论研究向上级党组织的请示、报告；讨论研究提交支部党员大会决定的事宜；讨论研究应当由党支部委员会决定的其他重要问题。

七、党支部委员会会议流程

党支部委员会会议，一般每月召开一次。根据基层组织的任务，支部委员会要经常研究和讨论如何贯彻执行上级党组织决议。支部委员会会议的参加人员一般为支部委员，如有特殊情况可扩大范围。

（一）**认真准备**

（1）党支部委员会会议要定期召开，会前支部书记应根据上级党组织的指示精神和本支部的实际情况，提出会议要讨论的议题，并且事前通知所有支部委员。对于列入会议的议题，有关支部委员应认真准备。

（2）对于党支部建设的重大问题，事前要进行广泛的调查讨论，书记要在搜集群众意见的基础上通气，确定中心预案，为科学决策奠定基础。

（二）广泛讨论

（1）会议开始后，主持人应对会议的中心议题和进行方式提出意见，征得与会人员的同意，然后逐个议题进行讨论。

（2）讨论时，要发扬民主，使大家在没有思想顾虑的情况下研究和讨论。

（3）会议主持人要掌握好重点，注意引导大家围绕中心议题展开讨论，并善于把意见加以集中。

（4）发言要严肃认真、简明扼要，要有鲜明的态度和主见，并尊重别人的发言。

（5）党支部书记在组织讨论时，要给支部委员以充分发言的机会，要虚心听取不同意见，善于发挥集体的智慧。

（6）党支部委员参与讨论决定重大问题时，既要认真听取书记的意见，又要坚持党性原则，尊重事实，独立思考。

（三）适时表决

（1）党支部书记在充分酝酿讨论的基础上，把握住时机，适时地进行归纳，正确集中大家的意见，按照少数服从多数的原则，对所研究的问题进行表决，作出决议。

（2）表决时可采取票决或其他方式进行。

（3）表决结果由主持人当场公布，如对所讨论问题的正确性无把握，不要草率表决。

（四）遇到分歧情况的处理

（1）当支委会会议进行过程中对重大问题的讨论发生争论时，除了在紧急情况下必须按照多数人意见执行外，应当暂缓作出决定，可以在会后进一步酝酿，通过理论学习、调查研究、交换意见等方式，下次会议再议，力求在统一认识的基础上作出决定。

（2）在特殊情况下，也可将争论情况如实向上级组织报告，请求裁决。

（3）支委会决定的问题，在交党支部党员大会讨论时，不仅原来持不同意见的支部委员可以继续发表自己的意见，而且原来表示同意的支部委员，如果认识有了改变，也可以提出新的意见。

（4）经过党支部党员大会讨论，按照少数服从多数的原则通过决议。

（五）详细记录

党支部委员会会议要作好记录，内容包括会议的时间、地点、主要议题、主持人、出席情况、缺席情况、讨论的情况及最后表决的结果。

（六）参加会议的人数

（1）党支部委员会会议，必须有半数以上的支部委员参加，所作决定方为有效。

（2）对于由 3 名委员组成的党支部委员会，如果仅有 2 名成员可参加，一般不应召开支委会会议，情况紧急下可召开支部党员大会。

八、召开党支部委员会会议必须把握好三个环节

一是认真准备。（1）支部委员会会议要定期召开，会前正、副书记应根据上级要求和实际情况，提出会议要讨论的议题，并通知所有支委。对列入会议的议题，有关支委要做好准备。（2）对于有关支部建设的重大问题，会前正、副书记在听取群众意见的基础上，要互相通气，提出一个中心预案。同时，各支委也应分别拟制自己的预案，以便提高会议的效率、缩短会议的时间。（3）如果准备不充分，就不要急于开会。

二是广泛讨论。（1）会议结束后，主持人应讲明会议的中心议

题和讨论的方式，在征得与会人员的同意后，逐个对议题进行讨论。（2）讨论时，要发扬民主，让大家各抒己见，书记要特别注意听取不同意见。（3）会议主持人要掌握好重点，注意引导大家围绕中心议题展开讨论，并善于集中大家讨论的意见。（4）发言要严肃认真，简明扼要，有鲜明的态度和主见，并注意尊重别人的发言。（5）在会上，委员既要认真听取书记的意见，又要坚持党性、尊重事实、独立思考。

三是适时表决。（1）在充分酝酿讨论的基础上，书记要巧妙把握时机，适时进行归纳，集中大家的意见，按少数服从多数的原则，进行表决。（2）表决可采取无记名投票、举手表决或其他方式。（发展党员工作等重要事项必须采取无记名投票方式）（3）表决结果由主持人当场公布，如对讨论问题的正确性没有把握则不要草率表决。

九、如何召开党支部委员会扩大会议

党支部有时因工作需要，如传达布置某项工作、动员完成某项紧急任务时，为了争取时间、减少层次，更好地统一骨干的思想，可以召开支委会扩大会议，吸收党小组长和有关党员干部以及有关行政干部列席，听取他们的意见。支委会扩大会议应注意的问题如下。

一是召开支委会扩大会议也必须有半数以上的支委会委员参加，否则不应称为支委会扩大会议。

二是支委会扩大会议要扩大到多大范围，应根据所研究问题的内容来定，研究党内问题与研究其他问题所吸收的对象应有所不同。

三是列席参加支委会扩大会议的同志，在会上可以充分发表意见，但没有表决权。

四是这种会议不宜开得过多，更不能以支委会扩大会议来代替支委会，否则，容易削弱支委会的领导作用。

十、党支部书记工作职责

党支部书记是中国共产党基层组织负责人之一，是中国共产党支部委员会的主要负责人。党支部书记在支部委员会的集体领导下，按照支部党员大会、支部委员会的决议，负责主持党支部的日常工作，主要职责如下。

（1）贯彻执行党的路线、方针和政策。党支部书记要通过召开各种会议、举办骨干培训班、树立典型等多种方法途径，认真宣传、贯彻党的各项路线、方针和政策。

（2）对上级党组织的决议、指示，党支部书记要向支委会和支部党员大会传达，并对如何贯彻执行上级党组织的决议、指示提出自己的意见。

（3）主持召开党支部委员会会议。党支部书记要根据支部的工作情况，确定会议的议题，并将会议的中心议题提前通知参加会议的同志。

（4）主持召开党支部党员大会。党支部书记要根据上级党组织的批示和支部工作的需要，召开支部委员会会议，确定支部党员大会的议题和会议方案。

（5）党支部书记要深入党员和群众，了解和掌握他们的思想、工作和生活情况，及时地、有针对性地做好党员和群众的思想政治工作，充分发挥他们的积极性和创造性。

（6）检查党支部工作计划和决议的执行情况，按时向支委会、支部党员大会和上级党组织报告工作。

（7）认真制定党支部发展党员的工作计划，并认真检查计划的落实情况。

（8）维护发展党员工作纪律，组织支委会讨论研究如何抓好党员教育计划的实施。

十一、党支部副书记工作职责

（1）在党支部委员会集体领导下，协助支部书记做好支部日常工作。

（2）协助党支部书记，做好联系服务群众工作，加强基层服务型党组织建设。

（3）协助党支部书记，健全支部组织生活制度，严格支部组织生活。

（4）协助党支部书记，做好服务党员工作，保障党员的民主权利。

十二、党支部组织委员工作职责

党支部组织委员是支部委员会的成员之一，在支部委员会的集体领导下，分管支部的组织建设工作。其主要工作职责有如下。

（1）了解和掌握党支部的组织状况，根据实际需要提出党小组的划分和调整意见，检查和督促党小组过好组织生活，做好支部换届选举和委员出缺增补的具体工作。

（2）了解和掌握党员的思想状况，协助党支部书记、宣传委员和纪律委员对党员进行思想教育和纪律教育，收集和整理党员的模范事迹材料，向支部委员会提出表扬和奖励的建议。

（3）做好发展党员工作。深入了解入党积极分子情况，负责对入党积极分子进行培养、教育和考察，提出发展党员的意见，具体办理接收新党员手续；做好对预备党员转正的教育、考察，具体办理预备党员的转正手续。

（4）做好党员管理工作。根据本支部实际情况，做好民主评议党员工作；认真搞好评选先进党支部、先进党小组和优秀党员活动，接转党员组织关系；收缴党费，定期向党员公布党费收缴情况；做好党员和党组织的统计工作。

一、入党积极分子的确定和培养

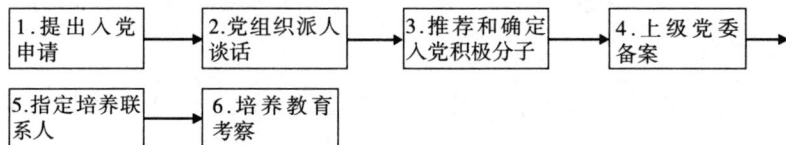

| 1.提出入党申请 | → | 2.党组织派人谈话 | → | 3.推荐和确定入党积极分子 | → | 4.上级党委备案 | → |

| 5.指定培养联系人 | → | 6.培养教育考察 |

二、发展对象的确定和考察

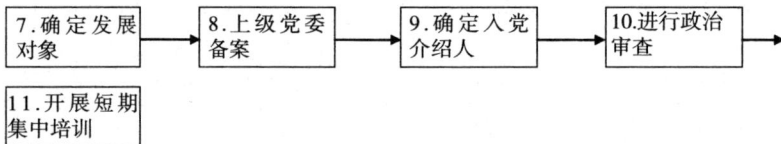

| 7.确定发展对象 | → | 8.上级党委备案 | → | 9.确定入党介绍人 | → | 10.进行政治审查 | → |

| 11.开展短期集中培训 |

三、预备党员的接收

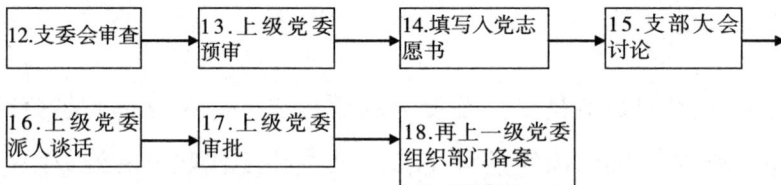

| 12.支委会审查 | → | 13.上级党委预审 | → | 14.填写入党志愿书 | → | 15.支部大会讨论 | → |

| 16.上级党委派人谈话 | → | 17.上级党委审批 | → | 18.再上一级党委组织部门备案 |

四、预备党员的教育考察和转正

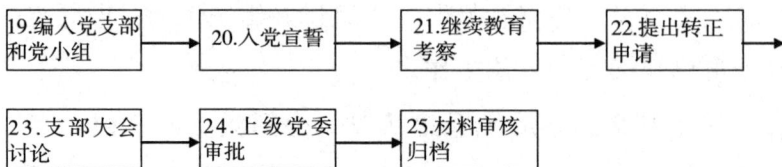

| 19.编入党支部和党小组 | → | 20.入党宣誓 | → | 21.继续教育考察 | → | 22.提出转正申请 | → |

| 23.支部大会讨论 | → | 24.上级党委审批 | → | 25.材料审核归档 |

发展党员工作流程图

十三、党支部宣传委员工作职责

党支部的宣传委员在支部委员会集体领导下，负责支部的宣传工作。其主要职责如下。

（1）了解掌握党员和群众的思想状况，根据不同时期党的工作重心和任务及上级党委的指示，宣传党的路线方针政策，提出宣传教育工作的计划和意见。

（2）组织党员学习党的基本理论、基本知识和时事政策，组织党课学习，做好思想政治工作。

（3）围绕本单位的中心工作，开展多种形式的宣传鼓动活动，活跃党员和群众的文化体育生活。

（4）充分利用广播、电视、黑板报等宣传工具，办好本单位的宣传阵地。

十四、党支部纪检委员工作职责

党支部纪检委员的主要职责如下。

（1）负责做好党支部的作风建设工作，开展经常性的党性党风党纪教育工作，防止和纠正不正之风。

（2）做好保障和维护党员民主权利的工作，引导党员按照《中国共产党章程》和《中国共产党党员权利保障条例》的规定自觉履行党员义务。

（3）做好加强党内监督、严格党的纪律工作。负责受理党员和群众的来信来访，党员的申诉和控告，及时向党支部和上级纪检部门汇报，保障党员的民主权利。

（4）负责受理党员和群众的来信来访、党员的控告和申诉。考察了解受处分党员改正错误的情况，对其进行有针对性的教育、帮助。

（5）经常向党支部委员会和上级纪律检查委员会汇报和反映本单位党风党纪的情况和本单位纪律检查工作的情况。

（6）协助党组织抓好党风廉政建设工作，认真落实党组织关于加强党风廉政建设的各项制度和措施。

（7）结合本单位实际，提出加强反腐倡廉制度建设的意见和建议，做好有关制度的贯彻落实。

（8）协助党组织开好党员领导干部民主生活会；检查党风廉政建设责任制以及领导干部廉政准则等贯彻执行情况；及时向上级纪委和本单位党组织汇报群众对党员、干部的意见。

［案例介绍］

中航集团：发挥党支部纪检委员作用

为落实习近平总书记"把全面从严治党落实到每个支部、每名党员"的要求，近年来，中国航空集团有限公司（以下简称中航集团）积极探索发挥企业中的党支部纪检委员作用，使党风廉政建设和反腐败工作不断向基层延伸。

试点先行，及时面上推广。坚持边试点、边总结，边实践、边提高。2016 年 6 月，中航集团党组纪检组和国航纪委指定国航地面服务部党委和纪委开展发挥党支部纪检委员作用试点工作。2016 年 11 月，中航集团党组纪检组转发了《地面服务部党委关于进一步发挥党总支、党支部纪检委员作用的意见（试行）》，在全集团推广地面服务部的试点做法。2017 年 6 月，在中航集团第二季度纪委书记会议上，组织开展了发挥基层纪检委员作用经验交流。2018 年 5 月，中航集团 30 家二级单位开展"发挥党总支和党支部纪检委员作用"专题调研，并在 2018 年 7 月举办的纪委书记党性教育培训班上进行工作交流和成果展示，为更有效地发挥纪检委员作用奠定了坚实基础。

全员培训，提高履职能力。提高纪检委员能力素质，是发挥纪检委员作用的前提和基础。2018 年 8—11 月，中航集团党组纪检组分片连续举办 11 期纪检监察业务培训班，对集团千余名纪检委员进行了一次全员轮训。集团党组纪检组组长侯绪伦为培训班学员作了"全面从严治党与纪检工作"的辅导报告。培训班围绕纪检委员履行职责必须了解和掌握的基本知识、基本方法，科学设置培训内容，安排集团纪检监察部相关领导人员统一授课，紧贴基层实际、突出重点内容、创新方式方法，增强了培训的针对性实效性，提高了纪检委员精准运用政策和"实战"的能力。

出台制度，巩固拓展成果。根据《中国共产党支部工作条例（试行）》有关精神，在总结近年来实践经验基础上，2018 年 12 月，中航集团党组纪检组制定出台了《关于切实发挥党支部纪检委员作用的若干意见》，对纪检委员的职责任务、工作方式和权限、履职保障等作出规范，对加强纪检委员队伍建设提出明确要求。首先，明确了纪检委员"干什么"。强调纪检委员要按照职责分工认真履行监督职责，并具体列出八项监督职责。其次，明确了纪检委员"怎么干"。要求纪检委员对监督发现的问题，根据问题性质、情节轻重和管理权限等，及时向党支部、上级纪检监察机构或者集团（国航）纪检监察部报告；把领导干部作为监督的重点对象，每年对所在党支部的领导干部作出"画像"评价；在选人用人工作中要认真听取纪检委员对拟提拔人选的评价意见；参加或者列席本单位研究重要事项的会议并履行监督职责。最后，明确了纪检委员"怎么管"。坚持

"管""用"结合，激励约束并重，重点从考核评价、教育培训、选拔任用、管理监督等四个方面对推进纪检委员队伍建设提出要求。《关于切实发挥党支部纪检委员会作用的若干意见》的出台，有利于切实发挥党支部纪检委员作用，有效破解全面从严治党责任落实层层递减、"沙滩流水不到头"的难题。

（《中航集团：发挥党支部纪检委员作用》，中央纪委、国家监委网，2019 年 1 月 3 日）

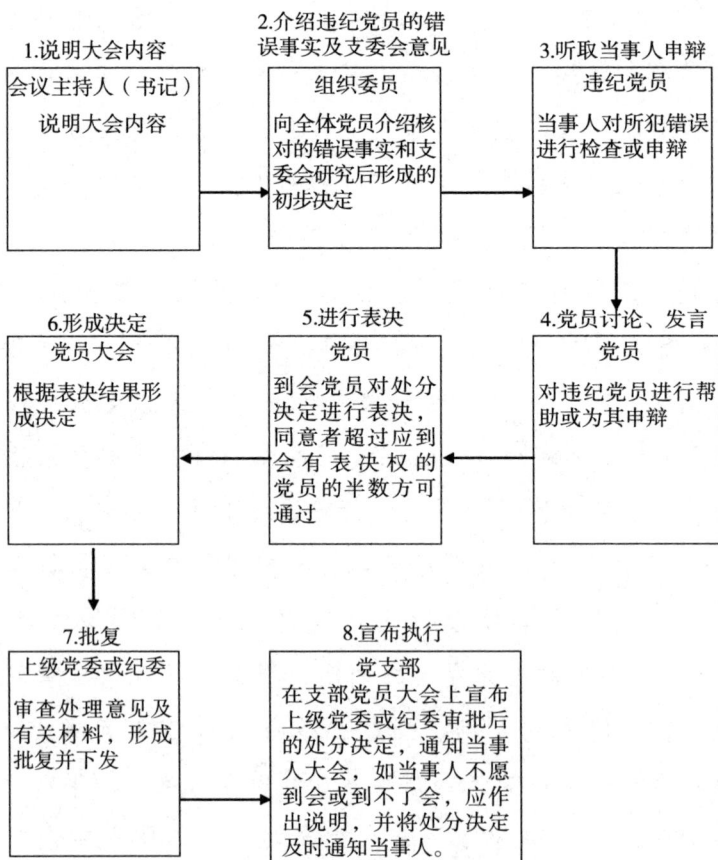

1.说明大会内容

会议主持人（书记）
说明大会内容

2.介绍违纪党员的错误事实及支委会意见

组织委员
向全体党员介绍核对的错误事实和支委会研究后形成的初步决定

3.听取当事人申辩

违纪党员
当事人对所犯错误进行检查或申辩

6.形成决定

党员大会
根据表决结果形成决定

5.进行表决

党员
到会党员对处分决定进行表决，同意者超过应到会有表决权的党员的半数方可通过

4.党员讨论、发言

党员
对违纪党员进行帮助或为其申辩

7.批复

上级党委或纪委
审查处理意见及有关材料，形成批复并下发

8.宣布执行

党支部
在支部党员大会上宣布上级党委或纪委审批后的处分决定，通知当事人大会，如当事人不愿到会或到不了会，应作出说明，并将处分决定及时通知当事人。

处分违纪党员程序图

十五、党支部青年委员工作职责

在党支部委员会的集体领导下，青年委员的主要职责如下。

（1）指导本单位共青团组织围绕党的中心工作，结合青年特点，开展团的活动。

（2）支持、帮助团组织搞好自身建设。

（3）指导团组织，以做"四有"新人为目标，加强对团员、青年的教育工作。

（4）帮助团组织创造开展团的工作的必要条件。

[前沿追踪]

企业党委里有了生态委员

"党委书记、组织委员、纪律委员……"这些都是党委中常见的职务。而今，生态委员也出现在党委中。近日，江苏省常熟市下发《关于在全市重点工业企业中设立生态委员的意见（试行）》，决定在全市设党委的工业企业中试行生态委员制度。

"设立生态委员，主要是为了切实发挥党组织对环境管理的支撑作用，强化企业党组织政治功能和服务功能，提升生态文明建设水平，督促企业相关负责人全面落实环境保护法律法规，推动企业认真履行环境保护主体责任，让鲜红党旗守护绿水青山。"常熟市环保局局长顾玉芬说。

生态委员到底有哪些职责？根据意见，生态委员须向企业党委书记负责，主要负责督促企业相关负责人全面落实环境保护法律法规，推动企业认真履行环境保护的主体责任，参与制定企业生态文明建设和环境保护规划及年度工作计划；协调推进本企业生态文明建设和环境保护的重点工作任务，在企业管理层倡导绿色发展理念，督促推动企业落实环境管理、污染治理和达标排放工作，并每年向职工代表大会报告1次企业生态文明建设和环境保护工作的开展情况和主要成效。

谁来担任生态委员？意见明确，生态委员须为企业党委委员或由企业党委书记、副书记兼任，了解当前环境保护的形势发展，关注生态文明建设的最新要求；具有一定的环境保护专业技术知识；具有较强的责任意识，勤奋敬业，勇于担当，思想敏锐，顾全大局，有团队协作精神；具有较强的组织领导能力，善于沟通协调，能积极主动协调推动企业环境问题的解决。

陆小宇是江苏隆力奇集团公司刚刚走马上任的生态委员，他说："作为企业生态委员，我认为首要责任就是结合公司实际，贯彻落实环保优先方针和环境保护法律法规、政策。"

目前，常熟市共有38家工业企业的党委设立了生态委员。生态委员任职须由企业党委调整班子内部分工明确，或按照《中国共产党基层组织选举工作暂行条例》增选生态委员，报上级党组织和当地环保部门备案。

除设立生态委员外，常熟还鼓励企业成立由主要负责人任主任的生态文明与环境保护委员会，优化环境保护管理机构，从制度上赋予生态委员应有的参与决策、监督检查、人事任免、投资建议等职责权限。对不按要求设立生态委员的企业，取消评先评优资格。

（《企业党委里有了生态委员》，《中国环境报》
2019年1月18日）

［案例介绍］

"兵支委"有作为　党支部更坚强

军事训练一级连、基层建设先进单位、团"精武杯"比武竞赛总分第二名……去年年底，新疆军区某红军团九连取得多项荣誉，打赢了数年未能评先的翻身仗。

总结经验时，连队党支部副书记马饮祥道出了一个重要原因是，士官支委作用突出，士官队伍表现给力。

去年党支部班子调整后，党支部针对士官党员多、干部骨干在位率低的实际，决定把发挥士官支委作用、带动士官党员队伍建设作为重要抓手，更好地靠集聚官兵智慧解决难题。他们充分利用党日活动、党课教育、理论学习等时机，组织两名士官支委和士官党员进行党务工作培训，系统学习党务知识，引导大家明确职能、把握原则、掌握方法。党支部还根据两名士官支委特点对其明确分工，提升履职尽责的内在动力。

"兵支委"主动作为，一线战斗堡垒建设质量效益提高明显。有一次，连队官兵尽管训练很努力，却在上级考核中排名靠后。开会研究解决方案时有人建议"进一步加大训练量"，但士官支委邹磊却在认真调研后感到，个别骨干抓训练"想一出是一出"，容易导致训练不系统、不科学、不扎实，提高训练质效，应该从严抓按计划落实训练内容做起。

合理化意见建议得到党支部的认可。当天，党支部就组织骨干对每周训练计划进行改进完善，突出专业技能、实弹射击、偏训课目的强化训练，并明确要求平时组训任教严格按照训练周表落实。随着基础不断夯实，连队军事训练成绩稳步提升。

"兵支委"身在兵中，更能体会到兵之需、兵之愿、兵之忧。有一次，连队一名士官连续数日熄灯后偷偷打电话，不仅影响就寝秩序，而且损害了骨干形象。士官支委柏旭得知情况后，立即深入了解情况，发现这名士官频繁打电话的原因是老家遭受洪灾，家中损失严重。

支委会上，他的汇报让党支部更加准确地掌握了实情。党支部还举一反三，要求党员骨干定期开展畅谈活动，及时发现官兵的思想、现实问题。

连日来，结合学习贯彻党的十九大精神，九连党支部更加注重士官支委职能作用的发挥，他们将士官支委的工作实绩与成长进步挂钩，不断增强他们干好工作、主动工作的责任心、紧迫感。一系列务实举措，让士官支委建言献策的积极性更加高涨。今年以来，该连士官支委所提的 3 类 10 条建议，均被党支部和上级党委采纳吸收，党支部民主氛围更浓，议事决策水平显著提升。

（《"兵支委"有作为　党支部更坚强》，《解放军报》2017 年 11 月 20 日）

十六、加强党支部委员会自身建设

（1）注意加强支委会的政治、业务学习。要建立支部委员会学习制度，使之经常化、系统化。坚持学习马克思列宁主义、毛泽东思想、邓小平理论、"三个代表"重要思想、科学发展观、习近平新时代中国特色社会主义思想，学习党的基本理论、基本路线、基本知识，学习科学、文化、法律和业务知识，以适应工作的需要。做到自学和集体学习相结合，理论联系实际，持之以恒，常抓不懈。

（2）坚持民主集中制原则，认真执行集体领导和个人分工负责相结合的制度。按照党章的规定，正确处理支部委员会和上级党组织的关系、支部委员会和支部党员大会的关系、党支部书记和支部委员的关系、多数和少数的关系。

（3）建立支委会工作岗位责任制。建立责任制，要以支委会内部分工为基础，明确职责范围、工作标准、考核办法和奖罚条件。考核和检查可以有上级党组织组织进行，也可以由党支部委员会进行定期自查。实行这项工作制度，有利于增强每个委员的事业心和责任感，有利于加强党组织和群众对每个支部委员的监督。

（4）密切联系群众，自觉接受群众的监督。加强党支部委员会自身建设，离不开党员、群众的支持和监督。因此，每个支委会成员要发扬党密切联系群众的优良传统和作风，相信群众，依靠群众，自觉地把自己置于群众的监督之下。要建立党员、群众评议党支部委员会的制度，使党支部委员会自身建设在党员、群众的批评、监督中不断得到加强。

（5）严格组织生活制度，认真开展批评和自我批评。党支部委员会成员除了参加所在党支部或党小组的组织生活外，一般应每半年单独召开一次民主生活会，开展批评和自我批评，交流思想，改进作风，不断提高思想政治觉悟。

（6）认真研究新情况，解决新问题，创造性地开展工作。中国特色社会主义进入新时代给党支部建设提出了许多新的问题。党支部书记必须坚持党的思想路线，认真调查研究，不断掌握变化了的新情况，探索新问题，把上级的指示同本支部的实际紧密结合起来，提出解决问题的新办法，使党支部委员会成为带领广大党员和群众积极开拓进取的坚强集体。

（7）党支部书记要以身作则，当好"班长"。党支部书记在实行集体领导中，负有主持支部全面工作和处理日常工作的责任。因此，党支部书记要带头搞好支部的各项工作，模范地遵守党支部的各项制度，以身作则，积极主动团结支委会其他成员做好工作。党支部委员之间要经常交心通气，互相帮助，团结协作，不断提高党支部的战斗力和凝聚力。

十七、正确处理党支部书记与委员的关系

支部委员会实行集体领导，按照民主集中制原则进行工作。在支部委员会内部，书记和委员的关系不是上级与下级、领导与被领导的关系，而是平等的、少数服从多数的关系。不管是书记还是委员，在党内表决时一人只有一票，每个支部委员都必须执行通过的决议。

支部书记在实行集体领导中，负有主持支部全面工作和处理日常工作的重要责任，不应借口集体领导而降低或否定支部书记在支部活动中的作用。党支部书记要当好"班长"，善于听取和正确集中各方面意见，主动团结好其他委员，发挥他们应有的作用，绝不能把自己凌驾于支部委员会之上，个人决定重大问题。其他支部委员要认真履行自己的职责，努力完成所分管的工作，积极参与集体领导，支持支部书记的工作，共同做好支部工作。

在党内，党员之间有分工和职务的不同，但没有高低贵贱之分。所有党员都是党的普通一员，都要履行党员的义务，也享有规定的各项权利，党员之间的关系是平等的同志关系。党只有上下级组织之间、党员个人与党组织之间是领导与被领导的关系，党支部委员和党员之间不存在领导与被领导的关系，而是平等的同志关系。只有支部委员会和党员之间才存在领导与被领导的关系。当然，支部委员在支部委员会的集体领导下，负责党支部的某一方面工作，是代表支部委员会行使职权的，党员应当尊重和服从，但这不是委员个人与党员之间的领导与被领导关系，而是支部委员会与党员之间的领导与被领导关系。

［案例介绍］

农业部市场与经济信息司党支部"接地气"工作法

从群众中来到群众中去的工作作风是中央国家机关做好各项工作的基础。农业部市场信息司承担着协调推动出台支农惠农富农政策、促进农产品产销衔接和加快推进农业农村信息化的重任，与农民群众关系最密切、与农民群众打交道最直接、为农民群众服务最具体。多年来，市场信息司党支部带领党员干部走出机关，直接联系基层群众，真心服务基层群众，探索总结出"接地气"工作法，切实转变了党员干部的工作作风，推动了中心工作全面发展。

一、基本内涵

"接地气"工作法以反映农民群众需求、总结农民群众实践经验、解决农民群众实际问题为出发点和落脚点，通过采取多种符合实际的下基层调研方法，丰富与基层群众联系交流的平台，规范党员干部深入基层的行为，拉近与基层群众的距离，培养与基层群众的感情，学习总结基层的好经验，使为基层群众办实事做好事解难事成为党员干部的自觉行为。

二、主要做法

（一）运用五种调研方式，全方位深入基层深入群众，了解需求、解决问题、锻炼干部、推动工作

1. 多角度调研了解需要

——定期召集有关县农业局长、县级农产品市场协会会长、农民专业合作组织负责人、批发市场商户、科研院校技术人员、农产品市场预警专家召开市场信息工作专题研讨会、会商会，共同判断形势、预测趋势、引导走势。针对一个专题，运用"五五调研法"，分别探访农户、村长、农技员、乡镇长和基层农业局长等5个层面的人员，从这5人的视角分析农业农村经济问题，提出解决问题的思路和途

径，使调研工作更贴近基层、更贴近群众、更贴近实际，确保调研情况信息来自多层级、工作措施贯通多渠道、政策建议涵盖多方面。

2. 政策性调研推动工作

——在强农惠农富农政策制定前和实施后，组织党员干部到粮棉油糖主产区、收购站点、乡村农户开展种植意向调研、粮食成本收益、最低保护价执行情况、生产资料价格等多种调查，及时反映农民需求、市情农情、政策落实等情况，提供第一手材料，积极推动政策的制定和落实。

3. 应急式调研解决问题

——在农产品市场价格剧烈波动、农产品滞销时，组织党员干部第一时间入市场、进超市、下地头，采集粮价、肉价、菜价等价格信息，掌握价格成本、市场行情，分析研究市场价格趋势，及时向领导提供最直接的信息资料和决策建议，及时开展产销对接活动，组织经销商集中采购，推动问题的解决。

4. 联系点调研解剖麻雀

——支部书记、副书记及司领导长期定点联系一个村、一个农民专业合作社或一个农产品批发市场，每年到联系点去1—2次、蹲点1—2天，深入分析联系点村情社情、产业发展、未来规划，探索解决联系村、合作社、批发市场生产经营问题的好经验好做法，进而总结推广。

5. 体验式调研锻炼干部

——开展"百乡万户调查"、青年干部"接地气、察民情"、"深入市场体验菜贩工作与生活"、"深入农村感受新农村建设"等主题活动，在与农民、菜贩"三进三同"中，即进基层、进村子、进农户，与农民群众同吃、同住、同劳动，体验群众辛劳，了解群众疾苦，增进与群众的感情。

（二）建立四项制度，充分发挥支部作用，切实转变工作作风，积极推动相互学习分享，确保基层调研取得实效

1. 驻村入户制度。要求党员干部驻村入户、深入一线，每年驻村调研时间不少于5天，时间超过半个月的，要与当地农业主管部门和农技人员组建临时党支部。支部书记、副书记驻村要带1—2名青年党员，发挥"传帮带"作用。

2. 长期联系制度。为了使"县镇村户不忘掉"，驻村入户调研时要向基层干部和农户发送印有调查组全体成员联系方式的集体名片，同时要求种养大户、农民专业合作社负责人、乡镇农技站长、县农业局长将联系方式留给调研人员，建立长期联系反馈机制，支部要求跟踪联系，解决实际问题。

3. 简朴作风制度。党员干部进村入户调研，要吃农家饭，住农家屋，交通工具尽可能使用"农业科技直通车"，要学会与基层交流语言朴实，避免给基层和群众带来负担，同时用朴实的作风与基层和农民群众面对面、手拉手、心贴心。

4. 成果共享制度。在下基层的活动中，要求党员干部必须撰写调研报告，驻村入户党员干部要撰写下乡日记。调研回来后，及时组织报告会，请参加调研的党员干部向全司汇报收获体会及所感所悟，让每一个党员分享调研成果、感受基层农民群众的情感、交流调研学习心得，促进共同进步。

（三）搭建三个平台，利用现代科技信息等手段，创新联系基层群众的方式，使基层调研和服务工作常态化

1. 12316服务平台。在全国开通了12316农业信息服务热线，源源不断地把生产技术、农产品市场营销、农资供求、防灾减灾和农业政策法规等信息推送到千家万户，为实现农业增效、农民增收发挥了重要作用，同时在解决邻里纠纷、解决偏远农村看病难等社会问题方面探索出一条途径，被誉为党和政府密切联系群众的连心线。

2. QQ群工作平台。与农村信息统计员、市场信息采集员建立农产品信息QQ群，及时了解基层市场变化情况、农产品市场热点问题

等，指导基层统计员、信息员科学采集信息，使得上下沟通更便捷、高效，加强队伍凝聚力。

3. 微博引导平台。支部书记开通微博，与广大网民交流农业市场化与信息化快速发展中出现的新情况、新问题，共同关注百姓需求、破解发展难题，目前粉丝多达几万人。

（《农业部市场与经济信息司党支部"接地气"工作法》，农业农村部网站，2012 年 9 月 10 日）

十八、怎样当好党支部书记

党的十八大以来，习近平总书记反复强调要大抓基层、大抓支部，重中之重是抓好基层党组织带头人队伍建设，让党支部在基层工作中唱主角，推动基层建设全面进步、全面过硬；党的十九大明确了新时代加强基层党组织建设的方向和任务，明确了加强基层党组织带头人队伍建设的任务要求。2018 年 10 月 28 日中共中央实施的《中国共产党支部工作条例（试行）》，对党支部书记的素质和能力提出了明确的条件和要求，即"应当具备良好政治素质，热爱党的工作，具有一定的政策理论水平、组织协调能力和群众工作本领，敢于担当、乐于奉献，带头发挥先锋模范作用，在党员、群众中有较高威信，一般应当具有 1 年以上党龄"，为新时代加强党支部建设、做合格党支部书记提供了基本遵循和努力方向。的确，党的基层党建的历史和实践证明，作为主持党支部全面工作的党支部书记，其素质能力直接影响着党组织战斗力和基层组织工作成效。因此，新时代要推动基层党建有新担当新作为新气象，党支部书记就要努力做到以下几个方面。

（一）讲政治，不断提升政治素质

政治属性是中国共产党的第一属性。政治建设是党的根本性建设，党的各方面建设都要以政治建设为统领。《中国共产党支部工作条例（试行）》把"具备良好的政治素质"作为党支部书记的第一位要求。但"讲政治"不是抽象、空洞的口号，对于支部书记而言的"讲政治"具体体现在以下几个方面。

1. 讲政治，就要把"坚持党对一切工作的领导"落到支部

党的十九大报告和十九大党章修正案明确提出："中国共产党的领导是中国特色社会主义最本质的特征，是中国特色社会主义制度的最大优势。党政军民学，东西南北中，党是领导一切的。""坚持党对一切工作的领导"是习近平新时代中国特色社会主义思想的首要方略。作为新时代的党支部书记，首要的任务就要提升政策理论水平，以习近平新时代中国特色社会主义思想为指导，把"坚持党对一切工作的领导"落到支部工作中，贯穿支部工作的全过程。而不是一天到晚把"坚持党的领导"当作口号去高喊，而是要把党的路线方针政策和本单位、本部门的实际结合起来，把党建与其他工作无缝对接、深度融合，以自己的模范工作和党员干部的榜样作用去说服和教育群众，以党建引领、带动和促进其他工作的完成，这样，群众才能心悦诚服地接受党的领导，使党的基层组织成为确保党的路线方针政策和决策部署贯彻落实的基础。

2. 讲政治，就要把"政治建设"摆在首位

突出政治功能，把各领域基层党组织建设成为宣传党的主张、贯彻党的决定、领导基层治理、团结动员群众、推动改革发展的坚强战斗堡垒，这是党的十九大对基层党组织建设提出的首要任务和基本要求。对此，作为新时代的党支部书记，要把"政治建设"摆在支部建设的首位，通过自己的模范带头作用，严肃规范党内政治生活，发挥支部教育、管理、监督党员的"熔炉"作用，使党员干部严格遵

守党的政治纪律和政治规矩，在政治立场、政治方向、政治原则、政治道路上同党中央保持高度一致，牢固树立"四个意识"，坚决维护以习近平同志为核心的党中央权威和集中统一领导；不断提高党员干部的政治觉悟和政治能力，把对党忠诚、为党分忧、为党尽职、为民造福作为根本政治担当，永葆共产党人政治本色，进而发挥出支部的"政治功能"。

3. 讲政治，就要把"全面从严治党"扛在肩上

习近平总书记反复强调："不明确责任，不落实责任，不追究责任，从严治党是做不到的。""要树立抓好党建是最大的政绩"，"抓好党建是本职，不抓党建是失职，抓不好党建是渎职"。作为新时代的党支部书记，要按照党的十九大精神、十九大党章修正案以及《新形势下党内政治生活的若干准则》《中国共产党党内监督条例》《中国共产党巡视工作条例》《中国共产党问责条例》《中国共产党纪律处分条例》《中国共产党支部工作条例（试行）》等党内法规中关于党的基层组织的职责，把全面从严治党作为自己的政治责任、首要责任、分内责任和直接责任，自觉履行全面从严治党的责任，敢担当、敢作为、敢批评，教育、管理和监督好支部班子和党员队伍，激发党员干部实现新时代党的伟大历史使命的主动性、积极性和创造性。

（二）懂规范，加强标准化建设

一段时间以来，一些地方部门的党委和党组织由于主观上存在着重经济、轻党建的倾向，对党建工作重视不够，导致党建工作"说起来重要，做起来次要，忙起来不要"的状况时有出现；再加之客观上以经济为主、以 GDP 为主、以数字为主的考核评价干部的"指挥棒"，使得一些党组织领头人主业意识发生了"异化"，存在着"种了别人的地，荒了自家的田"等淡化党建的问题；同时在制度机制方面，也存在着在重大决策和干部任用方面基层党组织发言权不足

等党建边缘化问题，致使党的核心和领导作用无法发挥；同时，由于疏于对基层党组织带头人队伍的培训和教育，使一些基层党支部书记存在着党建业务不精、方向不清、方法不新的问题，对党务工作的程序、原则和方法不甚了了，造成党建工作和本单位工作"两张皮"等党建虚化、随意化、庸俗化和形式化的问题，严重影响了基层党的建设的水平和质量。如何提高党建质量、加强支部标准化建设是新时代给我们提出的历史性课题。作为党支部书记，要熟练掌握《中国共产党支部工作条例（试行）》的"标准"和"规范"来落实工作职责。首先，要改变粗放型思维和工作方式，提高支部的精细化管理水平，在党支部"干什么""什么时候干""怎么干""干成什么样"的问题上，有系统完备的职能表、责任书、资料库、管理册、信息网，实现事事有人管、人人有专责、处处见规范，提高规范化建设水平。其次，要严格执行党支部组织生活制度，严格执行《关于新形势下党内政治生活的若干准则》中的"三会一课"、民主生活会和组织生活会、谈心谈话、民主评议党员、请示报告等制度，对"会怎么开、课怎么上"要做到心中有数、心知肚明。最后，还要紧跟时代步伐，充分运用互联网，通过党建云、党建红云、"党建+互联网"、数字化党建、智慧党建，把党务公开、"三会一课"、党费收缴、组织关系接转、民情速递、公文收发等工作纳入平台管理，实现互联网与党务管理深度融合；创新学习教育载体，开发制作微型党课课件上传平台供党员干部学习，实现互联网与党员教育深度融合；整合服务资源创新服务方式，推动便民服务等事项进平台，推动互联网与为民服务深度融合，真正科学有效地履行好支部的职责。

（三）能作为，掌握群众工作本领

但凡政党，其目的无非是取得政权、进而巩固政权、牢牢掌握执政权。那么，什么是执政权呢？即"组织基层社会的能力、权力就是执政权。丧失了组织基层社会的能力、权力，就无以组织和领导人民自治，社会秩序就紊乱乃至大乱，群雄并起——谁有能力组织基层社会谁就取而代之"。这就决定了党的任务千千万、万万千，从根本上说就是扎根基层、组织社会。这是早已被历史所证明的事实。与当时执政的国民党相比较，共产党的优势就在于依靠共产党的基层党组织扎根基层，宣传群众、凝聚群众、动员群众、组织群众，组织起来的群众就成了"自己的人"，死心塌地支持拥护共产党，共产党最终赢得了执政地位。因此，基层党组织能否扎根基层，组织社会，关乎党的执政地位的巩固。但是一段时期以来，由于各种各样的原因，一些党的基层组织在功能上发生了偏差，出现了行政化的趋势，党的基层组织的基本任务变为完成一波接一波的上级的"政治任务"，使得基层党组织无心、无力、无时间扎根基层，完成组织群众、教育群众、服务群众的任务。对此，党的十九大明确了"以提升组织力为重点，党支部要担负好直接教育党员、管理党员、监督党员和组织群众、宣传群众、凝聚群众、服务群众的职责，引导广大党员发挥先锋模范作用"。这就为党支部书记明确了工作方向和要求，首先，要按照党章要求，推进"两学一做"学习教育常态化制度化，增强教育党员、管理党员、监督党员的实效性，打造合格优秀的共产党员，通过一个个单个党员来形成党的合力，真正把党员组织起来；其次，努力做到扎根基层，"同群众在一起，而又领导群众；是群众的学生，而又是群众的政治领袖"，在群众中进行宣传和组织工作，并组织群众来解决他们自己的各种问题，从而避免党组织"停转""空转""反转"，真正将组织这一"陀螺"发动起来，这样才能使党组织有动力、有活力和有能力，发挥政治引导力、思想引领力、群众组织力、社会号召力，使党的作用发挥出来。

（四）乐奉献，发挥先锋模范作用

党的十八大以来，党中央高度重视党支部建设，要求树立党的一切工作到支部的鲜明导向，把全面从严治党落实到每个支部、每名党员，推动全党形成大抓基层、大抓支部的良好态势。经过近几年的努力，党支部建设质量不断提升，创造力、凝聚力、战斗力显著增强。《中国共产党支部工作条例（试行）》在弘扬"支部建在连上"的光荣传统，总结近年来基层创造的新做法新经验的基础上，明确了党支部的功能定位，即"党支部是党的基础组织，是党组织开展工作的基本单元，是党在社会基层组织中的战斗堡垒，是党的全部工作和战斗力的基础"，对党支部组织设置、基本任务、工作机制、组织生活、支部委员会建设、领导和保障六大方面，都作出了系统的规定和要求。新时代党的事业不是轻轻松松、敲锣打鼓就能实现的，党支部的地位如此重要，任务如此伟大光荣，迫切需要大量热爱党的工作、乐于奉献的党支部书记来发挥先锋模范作用，抓实支部建设、建强战斗堡垒。众所周知，曾经一段时间，由于治党管党"宽松软"问题，作为基层党组织建设"带头人"的党支部书记，本该是妙笔生花的"秀才"、民主平等的"典范"、多才多艺的"杂家"、党员群众的"心腹"，却也滋生了官僚主义作风，有了当官做老爷的派头；本该是以其严格的党性和组织纪律性、细致入微的服务理念和无私奉献精神、高尚的人格魅力和温暖人心的亲和力，发挥榜样示范和凝聚人心、引领导向作用，有的却"拿党费用于公款旅游"，出现了违纪违法等"不像样子""不像话"的问题，严重地损害了党组织和党的形象。党的十八大以来，我们党以问题为导向，发扬自我革命的精神，开启了全面从严治党的征程，取得了历史性的成就，重塑了党的形象。党的十九大在总结五年来全面从严治党的经验基础上，发出了全面从严治党永远在路上的动员令，提出了推进全面从严治党向纵深发展的八项重点任务。作为党支部书记，在落实党的十九大精神，加强基层党组织建设的新的征程中，要做好精神准备和长期奋斗的决心，活到老，学到老，改造到老，经常反省、经常洗澡，解决好世界观、人生观、价值观这个总开关，自觉做共产主义远大理想和中国特色社会主义共同理想的坚定信仰者和忠实实践者，不忘初心，牢记使命，挺起共产党人的精神脊梁，热爱党的工作，乐于奉献，用共产党人的崇高形象和先锋模范作用赢得人、感召人、凝聚人、团结人，发挥"带头人"作用。

（五）善学习，成为支部工作行家里手

中国共产党人依靠学习走到今天，也必然要依靠学习走向未来。党的十八大以来，我们党切实推动全面从严治党向基层延伸，持续整顿软弱涣散基层党组织，着力解决基层党建淡化弱化虚化边缘化的问题，基层党组织和党员队伍生机活力不断增强。进入新时代，推动基层党建全面进步、全面过硬的要求越来越高，推进党建工作理念创新、机制创新、手段创新的任务越来越重。对此，党的十九大报告针对党员干部存在严重的"能力不足不能为"的危险，明确提出要全面增强八个方面的执政本领，即学习本领、政治领导本领、改革创新本领、科学发展本领、依法执政本领、群众工作本领、狠抓落实本领、驾驭风险本领。其中第一位要求就是增强学习本领，要求在全党营造善于学习、勇于实践的浓厚氛围，建设马克思主义学习型政党，推动建设学习大国。作为新时代的党支部书记，要承担历史赋予的重任，完成党支部的八项基本任务，首先要爱学习、善学习、终身学习，不断提高学习本领。在这一方面，毛泽东、习近平等党和国家领导人都给我们作出了榜样。毛泽东就是终身学习的典范，他曾经反复讲，"我一生最大的爱好是读书，饭可以一日不吃，觉可以一日不睡，但是书却不可以一日不读"；习近平多次谈到读书的重要性，"现在，我经常能做到的是读书，读书已成了我的一种生活方式。读书可以让人保持思想活力，让人得到智慧启发，让人滋养浩然之气"。他在回顾自己的知青生活时也曾多次讲道："我到农村插队后，给自己定了一个座右铭，先从修身开始。一物不知，深以为耻，便求

知若渴。上山放羊，我揣着书，把羊圈在山坡上，就开始看书。锄地到田头，开始休息一会儿时，我就拿出新华字典记一个字的多种含义，一点一滴积累。"总之，只有通过学习，才能坚定理想信念，准确把握党的路线方针政策，并结合支部工作的实际，担负好教育党员、管理党员和监督党员的职责，不断增长组织群众、宣传群众、凝聚群众、服务群众的智慧和才能，使基层党组织建设真正"依靠学习走向未来"。

第四章　党小组会制度

一、党小组的作用

　　党小组是指党员数量较多的党支部将党员分编成的若干小组。党小组是党支部的组成部分，是在党支部领导下对党员进行管理的一种组织形式。党小组不是党的一级组织，它的活动受党支部领导，目的是为了加强对党员的教育、管理、监督、服务，保证支部党员大会决议的贯彻执行。

　　[伟人事迹]

"开党小组会，我们都要受组长领导"

　　一次，周恩来参加南方局青年工作委员会的党小组活动。大家畅所欲言，气氛非常热烈。临近结束时，党小组组长说：

　　"请周恩来同志作总结。"大家立即摸出本子，竖起耳朵，准备一字不漏记下来。

　　周恩来忽然问起谁是我们的小组长，一位同志说是刘光。周恩来说："呵，该小组长作总结。你对我这个党员有什么要求，给什么任务，我都接受。可是，你要我代替你作党小组会的总结，不大合乎党规吧?"他接着又说:"党员,起码一条,要参加一个组织,并在其中积极工作。在这里,大家都是同志。开党小组会,我们都要受组长领导。难道有什么特殊党员吗?"

党性不仅体现在大是大非上,也体现在这些细节当中。周恩来对党规的尊重与践行,是我们学习的榜样。

(《"开党小组会,我们都要受组长领导"》,《新湘评论》2017 年第 17 期)

二、党小组的合理划分与审批

党小组是党支部的组成部分,不是党的一级组织。划分党小组的基本原则如下。

(1)根据党员的分布情况,充分考虑将其所在的行政、生产、科室党员划分在一个党小组。

(2)每个党小组至少有 3 名党员,其中至少 3 位正式党员,人数不足 3 人的可以同党员数较少、工作性质相近、联系方便的邻近部门合并为一个党小组。

(3)担任领导工作的党员干部不宜单独划分成一个小组或集中安排在一个党小组内,分散划分可以使领导有更多机会接受和联系党员群众,接受群众监督。另外,在一个支部划分党小组数量不宜固定,应根据具体情况调整。

(4)党小组的划分和建立,由支委会决定,不必经过上级党组织审批。但为了便于上级党组织掌握情况,支委会应将建立党小组的情况及时向上级组织报告。党小组的划分、建立要根据党员数量、分布情况和工作需要决定。

[案例介绍]

务川：以"三化"加强党小组建设

务川自治县凝心聚力抓基层党建、党建促脱贫攻坚等工作，持续建设"丹砂党建连心工程"，狠抓基层党组织设置，严肃党内政治生活，以标准化、规范化、常态化持续抓好支部领导下的党小组工作。

科学设置，不断抓实党小组标准化建设。近年来，该县始终树立党的工作到一线的鲜明导向，依托"丹砂党建连心工程"，着力在"联网、联管、联创"上下功夫，按照科学管用的原则，把党小组建在自然村、村民组、产业链、项目上，不断选优配强党小组组长，大力从优秀党员、致富能人、老干部、退伍军人中推选党小组组长，充分发挥党小组服务、宣传、协助、督导等作用，带领党员积极参与到脱贫攻坚中，宣传党的政策、调解矛盾纠纷等。

健全制度，不断抓实党小组规范化建设。大力健全党小组生活会制度，严格党小组中心学习制度，发挥党小组议事功能，强化党小组联系群众制度建设，大力推行支部联系党小组、党小组联系党员、党员联系群众"三联"模式，组织党员开展联创活动，促使党员与群众结成对子，强化"党带群"的作用。目前，以"三联"模式开展联创活动 1320 余次，召开群众会 5000 多场，走访群众 10000 多人次。

强化保障，不断抓实党小组常态化建设。强化县委统筹，实行"一盘棋"抓党小组建设，高位推动全面从严治党，压实乡镇（街道）党（工）委、村党总支（支部）抓党建工作的主责主业，层层传递压力，不断推进党小组建设全面进步。大力开展党小组组长的教育培训，依托县委党校、新时代农民讲习所、村党员活动室等载体，以经常性的集中授课、专题讲座、参观学习等多种方式，开展有针对性、实效性的党务知识、脱贫攻坚及相关工作政策培训，不断提升党小组组长的履职能力，切实增强党小组的战斗力和凝聚力。目前，以"三会一课"、党员活动日的形式开展学习培训 2000 余次，建成党支部（党小组）"四有"阵地 500 多个。

（《务川：以"三化"加强党小组建设》，人民网，2019 年 5 月 10 日）

三、党小组组长的产生与职责

党小组组长是党小组的负责人，是党支部开展工作的得力助手。

担任党小组组长应具备一定的条件：政治素质高，学习马克思列宁主义、毛泽东思想、邓小平理论、"三个代表"重要思想、科学发展观、习近平新时代中国特色社会主义思想，熟悉党的基本知识，有一定的党性修养；组织协调能力强，能团结和带领党员完成党支部交给的各项任务，有一定的口头表达能力和文字表达能力；热心党的工作，愿意为党多做工作，有较强的事业心和责任感；能联系群众，在党员和群众中有较高的威信。

实际工作中，党小组组长的选配要注重从党性强、作风正派、群众威信高的党员中选配，同时考虑知识、年龄等方面因素。党小组组长应由本小组的党员选举产生，并报党支部备案。对于条件暂不成熟的，可由支部委员会指定党小组负责人，待条件成熟时再选举党小组组长。未经支部委员会研究讨论，支部委员个人不能指定党小组组长。党员领导干部和支部委员一般不兼任党小组组长。党小组组长的任期与支委会的任期一致。

党小组组长的职责，是在党支部的领导下，组织本小组的党员，积极开展各种活动，完成党支部交办的任务，发挥党小组的作用。

其具体职责主要有：

（1）按照"三会一课"要求，每月至少组织党员学习一次，使党员及时了解上级党组织的指示、要求，了解当前的形势和任务。

（2）认真执行党支部各项制度，定期召集并主持开好党小组会议，开展党小组活动，组织党员开展批评和自我批评，组织、监督党员积极参加党的各项活动。

（3）了解党员的思想、工作和生活等方面情况，经常向党支部反映党员的意见和要求，对党员进行教育帮助。

（4）积极做好群众思想政治工作，了解和反映群众的意见和要求，组织党员为群众做好事。

（5）发现和培养入党积极分子，协助支部做好对预备党员的培养和考察工作。

（6）协助党支部做好评议党员和收缴党费工作。

四、党小组的主要任务

党小组在党支部的领导下，组织本组党员开展各项工作，实现党支部的决议，确保各项任务完成。党小组的主要任务包括六个方面。

（1）组织党员学习马克思列宁主义、毛泽东思想、邓小平理论、"三个代表"重要思想、科学发展观、习近平新时代中国特色社会主义思想，学习党的路线、方针、政策和决议，学习党的基本知识，学习科学、文化、法律和业务知识，全面提高党员素质。

（2）组织、指导和监督党员认真贯彻上级党组织和党支部的决议，按照实际情况和需要，分配每个党员以一定的工作，具体地组织党员去实现党支部的决议，努力完成党支部布置的各项工作任务。

（3）协助党支部做好对党员的经常性思想教育，接受党员的汇报，关心和了解党员的思想、工作、学习、生活等情况，并及时向党支部汇报。

（4）组织党员做好群众工作，经常向群众宣传党的路线、方针、政策以及上级党组织和党支部的决议，做好群众的思想政治工作，及时向党支部反映群众的呼声和要求。

（5）定期召开党小组生活会，组织党员开展批评和自我批评，组织、督促党员按时参加党组织的有关活动。

（6）协助党支部做好对党员的民主评议和鉴定，做好对要求入党的积极分子的培养教育，接收新党员，做好预备党员的考察、转正和收缴党费等。

五、党小组会内容

党小组会是党小组组织活动的主要形式之一，也是党员组织生活的重要组成部分，是"三会一课"的重要组成部分。《中国共产党支部工作条例（试行）》规定：党小组会每月召开一次，如果党支部有专门布置，可适当增加次数。党小组会的内容一般围绕党的中心工作和党支部的近期工作，结合本小组的实际情况确定。

根据《中国共产党章程》和党内有关规定，结合基层党组织的实践经验，党小组会的基本内容主要有：

（1）组织党员认真学习党的路线、方针、政策，学习马克思列宁主义、毛泽东思想、邓小平理论、"三个代表"重要思想、科学发展观、习近平新时代中国特色社会主义思想，学习党的基本知识，学习科学、文化、法律和业务知识，传达党内文件和党的决议。

（2）根据党支部的布置，讨论本小组的工作以及党员应该承担和完成的任务，研究贯执行决议的办法。

（3）安排小组生活会，检查执行支部党员大会决议的情况，组织党员开展批评和自我批评。

（4）讨论分析入党积极分子、发展对象和预备党员的思想、学习、工作状况，并向支部提出意见和建议。

（5）分析并反映群众的思想情况和意见，帮助群众办好事。

（6）按照党支部的安排部署，做好其他各项工作。

［案例介绍］

推心置腹，对组织把话说清楚
——北部战区政治工作部干部局两场党小组会侧记

写在前面：

党小组会是党小组开展活动的主要形式之一，也是党支部组织生活的一个重要组成部分。开好党小组会，无论是对健全党的肌体、增强党的战斗力，还是实现党要管党、从严治党，都有重要意义。

每名党员对参加党小组会并不陌生，然而，怎样才能让党小组会开得融洽民主、开诚布公、直抵心灵，成为开展批评、锤炼党性的火热熔炉，这是每个党小组都要研究的严肃而重大的现实课题。各级党组织要抓住党小组这个环节开展工作，具体指导、帮助党小组组长开好党小组会，保证党小组会的质量实效。

这里，我们采撷北部战区政治工作部干部局召开的两场党小组会的现场实况，一起探讨强化党组织功能、严肃党内政治生活的方法路子。

主题：个人情况报告

交出"明白账"　心底坦荡荡

2016 年 11 月 24 日上午，北部战区政治工作部干部局计划调配处党小组会一开始，党小组组长赵航就开宗明义："今天的党小组会，就是按照'向组织交心交底'要求，组织党员干部报告个人情况。希望大家能放下包袱、敞开心扉，实打实向组织汇报。"

"作为一名老党员，我先向组织汇报自己和家人的情况。"党小组组长话音刚落，一名局领导就率先发言，将家庭主要成员的住房、收入、车辆等情况，一五一十向组织交底。在"我的成长"自述中，这名局领导把当兵之初到现任岗位的过程捋了一遍。回望来路，他坦言："进一步增强了报党恩、跟党走的坚定信念。"

无私才能无畏，透明才能坦荡。向组织交底，是对党绝对忠诚的重要体现，也是考验党员干部能否严格遵守纪律规矩的重要标准。计划调配处处长周波由原济南军区联勤部调到北部战区工作，回顾 24 年军旅生涯，深刻反思这些年经历的人和事，周波深刻剖析了自己思想上曾经出现的"钙化点"："虽没有违规违纪、没有变色变质，却也沾染了一些思想雾霾，对一些蝇营狗苟的不良现象没有坚决抵制，甚至被裹挟前行。"他谈到，以往，上级来工作组，个别领导首先考虑到的不是工作是否经得住检验，而是"一定要接待好"。自己也从开始的反感，慢慢变得有些麻木。

"芝麻官"也要报家底。记者在现场看到，报告个人情况的既有领导干部，也有普通党员。党小组 9 名党员围绕"我的家庭、我的成长、我的反思、我的承诺"4 个方面，分别汇报个人基本情况和真实思想，向组织交出实底，特别是对思想、工作、作风等方面出现的问题不足进行剖析反思，从源头上来一次清仓见底。

向组织交心、向官兵交底；自揭伤疤、自晒底牌；刀刃向己、刮骨疗毒……讨论越深入，思想越清晰。党小组每名成员都感到，联系实际向党组织报告个人情况后，心中感到坦坦荡荡，有一种浑身通泰的轻松。

"治党必先治吏，治吏必当从严。"北部战区政治工作部干部局党支部书记告诉记者，"做人要实"是一名党员干部的基本准则，向组织交心交底，就是为了更好地接受组织阳光的照射，不留"暗门"、不留"阴影"，做一个向组织交底的老实人、"透明人"。下一步，他们将结合组织召开党小组会，常态化开展"个人情况报告"活动，让每名党员干部都能自觉接受组织的监督检查，在严肃认真的党内政治生活中锤炼党性、去除杂质。

主题：群众性是非大对话

厘清是非观　清除潜规则

2016年11月底，北部战区政治工作部干部局考核任免处召开党小组会，主题是围绕"清除潜规陋习、校正是非标准、立好新风正气"开展群众性是非大讨论。

"这次党小组会，希望大家紧扣主题，通过讲述自己印象深刻的一些潜规陋习、习惯做法，揭批一些以往形成的错误思想观念、扭曲价值标准、不良作风做派等，深刻剖析问题原因和思想根源。"党小组组长王正坤的主持发言，为这次党小组会定准了方向。

"我想就党员干部作风问题谈谈自己的体会。"小组内一名局领导谈到，过去，由于有的党组织教育监督抓得不紧，党内生活不健全，一些人在信念问题上产生了模糊认识，客观上为党工作，主观上却为个人谋利；有的把所在岗位当作谋取私利的平台，把实现个人欲望当作目标，诸如郭伯雄、徐才厚、谷俊山等，就是如此。在政治和利益问题上，是非一旦颠倒，其人生也必将颠倒。这些人由共产党员成为人民的罪人，是不奇怪的。

"机关选人，都想到干部、军务、财务等管人管钱管物的岗位"，"个别学员毕业分配总想去大城市、进大机关，不愿到艰苦地区摔打、不愿到基层部队磨砺"……会上，大家结合亲身经历开诚布公点到具体人具体事，对数十种不良现象进行了剖析批评。还有人表示，那些年，由于个别党组织功能弱化，是非标准没有厘清、用人导向发生扭曲，对个人确实产生了一定影响。

干事石海松说，党的十八大以来，我们党政治上清源固本、思想上重犁起底，党管干部、组织选人、制度用人的好作风好传统进一步牢固确立起来，干部领域"灵活"少了原则多了，弹性弱了刚性强了，歪门邪道行不通了。

王正坤告诉大家，要清醒认识到，当前的良好局面还没有从"起势"达到"定势"，作风积弊除之未绝，一些陈规积弊穿上了"隐身衣"，钻进了"青纱帐"，躲在了"死角里"，发现和纠治起来更加困难。"面对这些必须始终保持警惕，把思想的雾霾清理好，以思想自觉推动行动自觉，把见怪不怪的潜规则清干净，把扭曲颠倒的价值标准正过来，推动肃清郭伯雄、徐才厚流毒影响的工作向深层挖根推进、向内省自觉转化、向治本抓常拓展。

"冰冻三尺非一日之寒，利斧破冰也非一日之功。"战区一名党委领导表示，实现作风和风气根本好转，还有很多"碉堡"要攻克、许多"沟坎"要迈过。他们将继续向潜规陋习宣战，引导党员干部在明辨是非、正本清源上狠下功夫，真正站稳政治立场、划清是非界限、校正价值追求，在理想信念、党性原则、作风纪律和战斗力标准等重大问题上立起标尺。

（《推心置腹，对组织把话说清楚——北部战区政治工作部干部局两场党小组会侧记》，前线网，2017 年 1 月 12 日）

六、党小组会的基本要求

党小组会是党小组活动的主要形式之一，也是党支部组织生活的一个重要组成部分。开好党小组会，要注意以下几个问题。

（1）选好时间。由于党小组会的次数比较频繁，所以在选择会议时间上，既要考虑党员能够集中，又要考虑业务、生产的实际情况。

（2）确定内容。党小组组长要与党支部沟通情况，确定会议内容。党支部要明确提出支部的中心工作和党支部近一时期的具体任务，根据该小组党员的实际状况来确定会议内容。要做到会议内容集中，主题突出，重点解决一两个问题，切忌面面俱到。

（3）带头讨论。党小组组长要引导党员畅所欲言，充分发表意见。如果是研究决定重要问题，党支部要在会前广泛听取各方意见，做到心中有数，以便在党小组组长与其沟通情况时，能够提出正确的意见。党支部书记参加会议，要带头发言，积极做好引导工作，防止泛泛而谈，同时也要引导党员畅所欲言，充分发表意见。

（4）贯彻落实。党小组组长要根据会议内容，做好会后工作。

党小组组长要根据大家的意见，形成贯彻落实的具体措施和方法，对会上提出的问题，要制定整改措施，认真加以解决。党支部要指导党小组组长根据会议的内容，做好会后工作。党小组根据本小组党员的意见，形成贯彻落实的具体措施和办法；对会上提出的问题，要制定整改措施，认真加以解决；对会上受到触动较大的党员，要及时做好思想政治工作，充分调动每个党员的积极性。

[案例介绍]

农家小院的党小组会

9月10日晚，绍兴上虞区道墟街道肖金村"救火阿三"阮炳炎的堂屋里，灯火通明，甚是热闹。这里正在举行该村中汇片党小组会会议，党员们围绕即将到来的"五星达标"中的"美丽星"迎检工作畅所欲言，各抒己见。

"原来村里习惯开党员大会，大会开过如大风刮过，党员很少真正放在心上。现在聚在一起开党小组会议，面对面地交流，气氛更活跃，联系更紧密，效果也更好。"阮炳炎说。

肖金村有107名党员，按自然村分成6个党小组，在家的71名党员近日以"五星达标"村创建为主题，分别在党员家中召开党小组会会议。

"这两年农村环境整治力度很大，村庄环境变好了，我们党员一定要发挥示范带动作用，巩固提升整治成果。"党员严电波的建议得到所在洞桥片小组党员们的一致赞同。怎样充分发挥党员的引领和带动作用？通过议论，大家一致认为，要真正落实党员联系农户制度，发挥党员在群众中的号召力、凝聚力，再次明确每位党员联系5户村民，并于近日走访各自联系户，做好宣传引导工作。

党员陈新潮办了一家纸板厂，以前搭建的彩钢棚在拆违中被拆掉了，之后因为堆放需要又搭建了30多平方米的布棚。会上，他主动提出："'五星达标'是好事，我搭布棚确实影响环境，有没有办法解决我产品堆放的难题？"经过一番讨论，大家建议他租用厂房，将堆放物搬离。"作为党员应带头维护村庄环境。"随后，陈新潮主动拆除临时布棚，并在两天内将货物全部清空。

83岁的老党员陈苗新家里养了鸡，会上，他诚恳地说："我是老党员，我带头，明天就把鸡处理掉！"第二天，他不但如此做了，还劝说左邻右舍把鸡鸭圈养，保持环境整洁，为"五星达标"村创建出一分力。

在西汇片党小组会上，有党员提出，平时对村里的民生实事工程参与较少，有些情况不是很清楚。村党总支书记张金祥当场表态，下个月5号的党员活动日，组织党员对相关工程开展情况进行查看。

"原先我们村里大事小事一般只是通过党员村民大会，党员的作用得不到充分发挥。这是第一次在党员家中召开党小组会议，想不到效果还挺好。"村里的两位主职干部张金祥、陈志根显得十分开心，表示今后要将这样的会议形式继续坚持下去。

针对6个党小组会议提出来的问题，村里认真加以落实。有党员反映闵家溇、魏家溇水面还有杂草杂物，第二天，村里马上组织人员进行了清理，保持了河道的干净整洁。

（《农家小院的党小组会》，《绍兴日报》2018年9月13日）

七、开好党小组会要抓住哪些环节

开好党小组会要注意抓好四个环节。

（1）认真做好会前准备。会前要与党支部沟通，确定内容、召开的时间及应注意的问题，并通知党员做好准备。党小组是支部的基础单位。首先，在开党小组会之前应积极同党支部进行沟通，将开会的主要内容、主要议题进行汇报，在得到同意后再准备召开。其次，通知党员进行准备，将开会时间、地点以及议程提前通知党员，以便其提前准备。

（2）会上讨论的问题要集中，要集中解决一两个主要问题，要抓好内容讨论，力求做到思想统一。充分利用党小组开会时间，设置好开会问题，在会上引导广大党员积极参与、发表言论，在讨论中形成决议、统一思想。

（3）明确责任，及时督促检查议定内容。在会后，党小组组长以及相关负责党员应该做好检查监督责任，就党小组决定的内容的实施情况进行监督、检查。

（4）做好会议记录和归纳小结，向党支部汇报。在会上做好会议记录，将发言观点、时间、地点等进行如实记录，进而形成会议报告。党小组组长在会议结束后将会议报告给党支部。

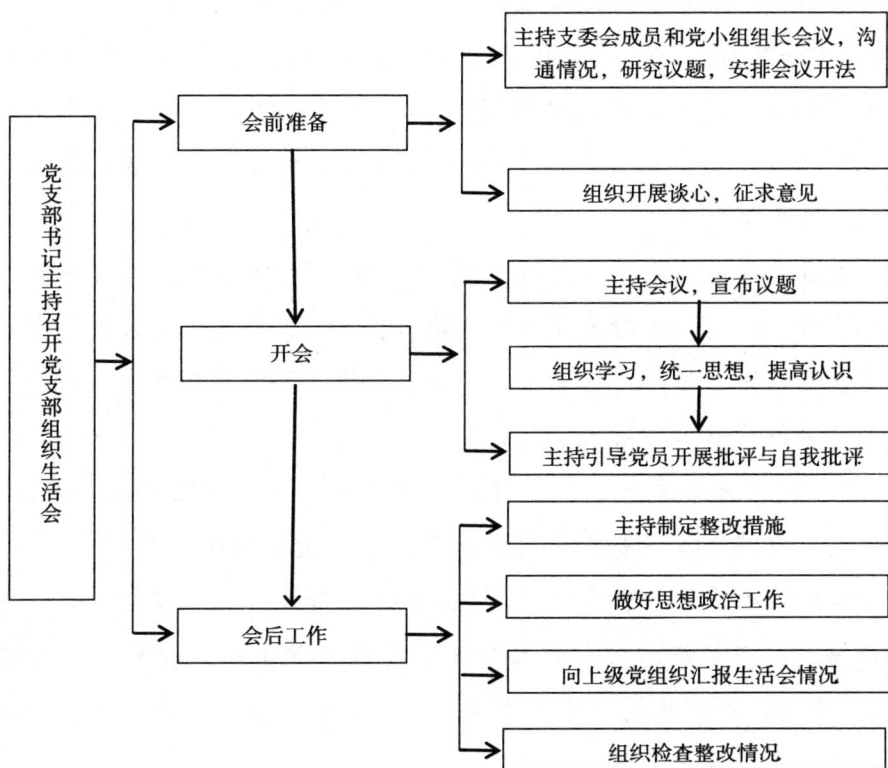

组织生活会程序图

[案例介绍]

寒潮中让人"出汗"的党小组会

"虽然你在通信专业比武中取得较好的名次，但是基础体能课目考核未达标，如果第一季度考核仍然不合格，根据大队党委制定的《班长任职资格规定》，我们将建议党支部对你作出相应处理。"党小组会刚开始，上士刘星君带头提出批评，让一名通信班班长涨红了脸。

这名通信班班长平时负责机关通信保障工作，待在办公楼的时间多，去训练场的次数少。在前不久的年度军事训练考核中，他的体能考核未过关。刘星君的提醒来自大队党委制定的《班长任职资格规定》，有理有据。这次党小组会上的"红脸出汗"，为该名通信班班长敲响警钟，他下定决心立即展开补短强化训练，拜连队里的"长跑王"为师，每天晚上自主展开强化训练，争取在下次召开党小组会时打个翻身仗。

在此次党小组会上，同样感觉"坐不住"的还有另一名士官班长。上周，这名班长带着几名新兵执行任务，忙得满头大汗时，喝了一名新兵递来的饮料。尽管事后他主动补上了买饮料的钱，但党小组成员还是就此事对他进行了批评提醒。

"大队《廉洁文明十个严禁》有明确要求，不能喝新兵一瓶水、抽新兵一支烟，我没有严格要求自己，感谢大家及时为我指出不足。在这里，我严肃地作自我检讨。"认真剖析完问题后，该名班长深有感触地说："组织和群众的眼睛是雪亮的，党员一刻也不能放松自律。"会上，批评和检讨并行不悖，讨论气氛十分热烈，冬日寒冷的气息在你来我往之间逐渐消逝。

"说清楚"让作风更透明

刚刚休假归来的警勤连连长田稳涛也参加了此次党小组会。在批评环节结束之后，他立即向党小组汇报了为岳父操办寿宴的情况。田稳涛的家在驻地，几天前他为岳父祝寿，没有对外发出过一张请帖、收过一分钱礼金，只邀请了几位亲朋好友到家中吃一顿饭以示庆贺。虽然祝寿形式简单，但田稳涛认为家人欢聚一堂才是最重要的。在田稳涛如实汇报情况之后，参会人员纷纷点头以示肯定，并表示要向田稳涛同志拒绝大操大办的朴素作风学习。向组织汇报操办婚丧喜庆事宜情况，是大队组织生活规定"说清楚"的内容之一。针对"家门口"干部较多的情况，大队党委对人际应酬情况进行了专项整顿，并将其纳入党员干部监督问责工作，有效遏制了"请吃吃请"等不良现象的滋生蔓延。在党小组会上向组织"说清楚"，既是主动接受监督的实际行动，也是保持党的纯洁性的一种方式，能使个人作风在组织生活中更加清楚、透明。

党小组会让人人都有收获

历时40分钟的党小组会结束时，参会的八名党员做到了人人有收获、个个受触动。"就算是天天见面的战友，开展批评时也不能徇私情、讲面子。我这个组长虽不是'官'，但组织确立的这个原则我必须得坚守住。"党小组组长邢喜璐对此次党小组会的效果表示满意。

邢喜璐认为，党小组会上的批评并不是为了打击报复，而是当问题刚萌芽时，作为政治生活"小家庭"的党小组成员，有义务及时地进行"唠叨提醒"，不让小问题变成大问题。在现实工作、生活中，一些党员干部之所以走上了违法乱纪的歧途，重要的一点就是将小问题积累成了大问题。要坚持党小组会的经常性，坚持批评的及时性。党小组会的召开应做到时时为思想除草、捉虫，消除小萌芽、小问题。此外，他们还把开展监督批评的情况作为考察党员的一项重要内容，定期对支委会、民主生活会、党小组会召开情况进行检查，坚决纠治得过且过、一团和气等问题。如今，大队党员自我要求更加严格，工作作风更加过硬，在近期开展的民主评议中，官兵对党员满意度高达95%。

（《寒潮中让人"出汗"的党小组会》，《党课参考》2018年第4期）

[回忆文章]

神圣威严的党小组会

事隔60多年，第一次参加党小组会所感到的那种气氛，仍记忆犹新。1948年春，我在一个基干团任宣传员。由于自幼生活在解放区，深感党的伟大、圣洁，党员都是好样的，内心十分崇敬。那时解放区的党组织虽然处于秘密状态，但由于党员的模范作用引人注目，谁是党员，群众心里都有数。可是，你要想入党，去找组织，也不那么容易。而军队的党组织是公开的，我到这个团后就写了入党申请书。

组织干事张如之找我谈话，我表示了要求入党的强烈愿望，并对自己存在的缺点作了检讨。如一次枪走火，差点伤了群众，影响不好。张干事对我讲了些鼓励的话，并说，作为宣传员，你文化水平太低，要抓紧学习。下连队是好的，但人家改善生活时不要去。他还讲了七大党章规定的党员义务，嘱我严格要求自己，接受党组织的考验。经过这次谈话，我情绪更高，处处向党员学习。部队接连打了几次小仗，每次我都到最前沿作宣传。行军时帮体弱的战士扛枪，协助卫生员照顾病号，受到大家称赞。不久，荣立了三等功。这年10月，党组织批准我入党，我高兴得直流泪。我们宣传队和政治处是一个党小组，第一次参加党小组会，深感党组织生活的威严、神圣、温暖，特别是严肃的批评和自我批评，终生难忘。

会议一开始，宣传队队长张欣指名道姓批评了一位政治处的领导。事情的经过是：团里的部分战士，是 1947 年秋从老区参军的青年农民，有些人怕吃苦、怕流血，开了小差。1948 年夏天，团里派这位领导去收容。不知怎的，他在当地请了说书的、唱河南坠子的，热闹了几天，花了一些钱，影响很不好。这位领导回队后，并没有主动作自我批评。张欣同志在会上指出这件事，并当场念了他给团党委和军区《战友报》的揭发信。这位领导立即承认了错误，作了检讨，并支持张欣同志的揭发，其他同志也纷纷发表意见，分析危害。张欣同志发言的尖锐和激烈，使我目瞪口呆，有点紧张；同志们的发言，既有严厉批评，又有热切希望，使我这个新党员开始认识到党组织生活的严肃性和战斗性。党组织生活的神圣，是随时都能体现出来的。

在战争环境中，指挥员应有权威，下级应自觉服从命令，这，干部战士都懂。

但有的党员干部耍军阀主义，甚至犯了错误不认账。在闹得不可开交时，党小组会往往能发挥神奇的作用。

我入党不久，遇到这样一件事：一次部队紧急转移，四连一个战士行动不够迅速，连长很生气，当着全连的面，用指挥旗打了这个战士，立即引起众怒。指导员劝连长赶快向战士道歉，连长在气头上，根本听不进去。为尽快缓解矛盾，在行军休息时召开了党小组会，对连长进行了严肃批评。这时连长逐渐冷静下来，意识到自己是连长首先更是个党员，打人是党纪、军纪所不容的，在会上作了自我批评，会后向那个战士道了歉，并在全连作了公开检讨。事过几十年，回忆这件事仍很感动。一个党员，就要时刻想着自己是党员；一个党员，就要自觉履行党员的义务。在新的条件下，党组织生活的内容更为丰富，活动形式更为多样；党小组，作为党组织的一个细胞，它的活动更有创意。全国涌现出那么多优秀党员，同党小组工作的活跃是分不开的。但也不必讳言，在有的地方，党的组织生活不够正常，有的党小组长期不开会；有的党员不知自己在哪个党小组；有时开会，不谈党的工作，只是发发牢骚，失去了党组织生活应有的严肃性。这种现象是不容忽视的。

（《神圣威严的党小组会》，《政工学刊》2011年第7期）

八、预备党员能不能当党小组组长

预备党员在预备期间，还需要接受党组织的考察和教育，而这种考察和教育，多是通过党小组来完成的，党小组组长应该由有一定党性修养的正式党员担任，所以，预备党员不能担任党小组组长。

九、怎样当一名合格的党小组组长

应对新形势对党小组组长提出的新要求，一名合格的党小组组长必须做好以下几方面工作。

（一）热心党小组工作。有负责精神和奉献精神，在工作中要有兢兢业业、一丝不苟、勤勤恳恳、埋头苦干的精神；在生活中要有吃苦在前，享受在后，毫不利己，专门利人的精神。党小组组长要主动配合支部开展各项工作，带头执行党的决议，带头开展谈心活动，带头完成本职工作。

（二）组织开好党小组会是党小组组长工作的一个重要内容，也是党小组活动的主要形式。开党小组会要讲究实效，注重效果，要有重点地解决一两个问题，安排会议要适时并根据本月的工作、生活情况来拟定。

（三）要严于律己，以身作则。党小组组长最直接地与身边的党员和群众工作生活在一起，要发挥先锋模范作用，要求别人做到的自己先做到，要求别人不做的自己首先不做。只有这样才能说话有人听，办事有人跟，上下一条心，搞好本党小组的工作。

（四）要勇于创新，不断改进工作方法。要搞好党小组工作，党小组组长不仅要有做好工作的愿望，还必须有一套灵活、实用、有效的工作方法。不但提出任务，而且要有解决完成任务的方法，并在继承的情况下不断创新。

（五）要更新观念，努力学习。时代在前进，形势在发展，坚持与时俱进是做好党小组工作的前提。当前，党小组组长要认真学习党的十九大报告精神实质，学习习近平新时代中国特色社会主义思想；树立正确的世界观、人生观、价值观；树立时间观念、法治观念。同时，党小组组长还要努力学习党的基本理论、基本知识，用理论武装头脑；学习党的组织工作概论，做好党员教育管理工作；学习公文写作知识，提高口头表达能力；学习时事政治，坚持与时俱进；学习专业技术，带领党小组共同完成好党组织交给的各项任务。

［案例介绍］

特殊党小组会搬到耄耋老人家

2017 年 10 月 31 日，银川市兴庆区富宁街街道办事处中寺社区，一场特殊的党小组会在 82 岁的蔡俊颖家中召开。

1989 年，从自治区妇联退休后，蔡俊颖将组织关系转入社区党支部。从此，她成为社区最活跃的党员，按时参加党组织生活会，捐款帮助有困难的人，积极调解邻里矛盾。2006 年起，因脑梗、腿关节疾病，蔡俊颖卧床不起，再也无法到社区党支部参加组织活动，这成为她的一块"心病"。

10月18日，收看党的十九大开幕直播后，蔡俊颖心潮澎湃，每天坚持收看有关十九大的新闻报道。

10月28日，蔡俊颖向中寺社区党总支书记刘伟电话"求助"："我不能离开党组织，我要不忘初心，牢记使命，永远做党的人。"她向刘伟提出，希望能参加一次党组织活动。

面对蔡俊颖的身体情况和迫切心情，刘伟决定为老人"圆梦"。

10月31日11时许，中寺社区党总支第六网格党小组6名党员来到蔡俊颖家中，召开了一场特殊的党小组会。

刘伟将一枚党徽佩戴在蔡俊颖右胸前，大家举起右拳面向党旗重温入党誓词："我志愿加入中国共产党，拥护党的纲领，遵守党的章程，履行党员义务……"已有60年党龄的蔡俊颖坐在轮椅上，挺直身子、握紧右拳，大声念着入党誓词。

宣誓结束，老人激动地流下了热泪："党组织没有忘记我。国家越来越繁荣富强，作为一名老党员，我感到很光荣，也很自豪。"

随后，大家一起学习了十九大报告、党章，蔡俊颖交纳了一年的党费。

第六网格党小组党员袁锦春说："蔡阿姨初心不改，理想信念坚定，值得我们学习，也激励着我们为实现中华民族伟大复兴的中国梦尽绵薄之力。"

（《特殊党小组会搬到耄耋老人家》，《宁夏日报》
2017年11月5日）

〖案例介绍〗

特别党小组撬动扶贫大格局

几场冬雪后，正午的太阳暖洋洋地照着。刚在甘肃兰州市皋兰县城办完事，养鸡能手宋清源直奔位于水阜镇燕儿坪村的养鸡场。"村上给我提的要求是要精心管理，负起责任，我得时时操心着。"这个养鸡场，是由该村的基层党组织——村脱贫攻坚特别党小组筹建的。

党的十九大再次对打赢脱贫攻坚战作出部署，如何把夯实农村基层党组织同脱贫攻坚有机结合起来，发挥好村党组织在脱贫攻坚中的战斗堡垒作用？兰州的探索之道是：成立脱贫攻坚特别党小组。

当扶贫"大脑"，集体经济实现质变

2017年9月，皋兰县燕儿坪村委会会议室连续几天爆满，大伙儿你一言我一语、热议着村里发展集体经济。会议由特别党小组召集。"村里没钱，脱贫攻坚还得靠发展产业。"燕儿坪村党支部第一书记、脱贫攻坚特别党小组组织指导员张前旺说。燕儿坪村党支部书记王磊坦言："过去可不成，出租公共场地出去一年收入2400元，没啥实际作用。"

这种情况并非孤例。根据相关统计，在兰州730个村中，无集体经济的"空壳村"有341个、占46.7%，村集体经济年收入5万元以下的有284个、占38.9%。2017年，兰州将各级帮扶力量整合成立脱贫攻坚特别党小组，在皋兰县26个贫困村进行先期试点。经过总结试点经验，2017年12月，兰州将脱贫攻坚特别党小组工作扩展到了全市。特别党小组采取"抓党建、促脱贫"模式，把派驻到贫困村的多方扶贫力量与村"两委"整合起来，将基层党建工作与脱贫攻坚工作深度融合，把党员组织起来，攥紧拳头打硬仗。

与一般党小组不同的是，特别党小组由县委统一派出，组织部门负责管理，委托乡镇党委日常管理。党小组精准聚焦脱贫攻坚这件大事，统筹领导整个村的扶贫工作。党小组会议、活动不仅要求村党组织第一书记、驻村帮扶工作队、大学生村官、县乡包村干部中的党员、村支部委员、村委会党员委员等党小组成员参加，还要求这些队伍中的非党员委员也列席参加，接受特别党小组安排的任务。

"去年到现在，额外多收入了 3860 元！家里已经撂荒的 11 亩土地去年流转收入 660 元，我和老伴又参与了牡丹种植，领到了 3200 元钱的劳务费。"在永登县武胜驿镇道顺村张国智家，老张掰着手指算着账。

"他们以前是建档立卡贫困户，2015 年脱贫了，但脱贫还不稳定，家里收入来源主要靠张国智外出打零工维持，返贫的可能很大。"道顺村特别党小组组长尹建国介绍，特别党小组调研时发现，一边是村子脱贫致富缺乏产业支撑，另一边是大量土地处于撂荒状态。尹建国和组员王彬旭在调研前期工作的基础上结合道顺村的实际条件，积极探索适合道顺村发展的产业项目，多方考察调研后，他们与甘肃中川牡丹产业有限公司达成协议，在道顺村开展油用牡丹种植工作。

说干就干，特别党小组将村民们撂荒不用的土地流转过来发展油用牡丹项目。"我们流转了 300 亩撂荒地。目前，首期土地流转项目已顺利落地，已种了 124 亩、共计 300 余万株油用牡丹。每种一亩油用牡丹，就可以为村民增加 1150 元经济收入。"尹建国越算账越兴奋。

以问题为导向，打好脱贫攻坚战役

翻开燕儿坪村 2016 年和 2017—2020 年两份不同的发展规划，可以看出，区别很明显：2016 年的发展规划中有大的发展方向，但思路和分析都不够具体；特别党小组成立之后，新制定的发展规划直接以问题为导向，分析优势、劣势，未来发展方向一一标明：日光温室产业、旅游等方向思路清晰，既有具体的实现指标，也有约束性指标，可操作性强。

大的方向把准还不成，特别党小组要干实事。

在榆中县龙泉乡庙咀村，特别党小组成立后马上投入了"战斗"。组长高银通过入户走访，得知贫困户任忠兴的儿子任鹏没找到如意工作，仍在家待业后，立即动员社会力量，为任鹏在兰州市找到一份满意的工作。任鹏对党小组的帮助念在心里："找工作很久都没有满意的，很是心焦，这次特别党小组给我帮了大忙，要不然我还窝在山沟沟里。"

扶贫不仅仅是物质上的。在庙咀村，村民法律意识淡薄，乡村道路弯道多、坡渠多，特别党小组经过讨论后，在庙咀村主要路口设置价值1万余元的乡村道路安全宣传牌和车辆安全行驶反光镜，有效防止农用车、"三马子"违规载人等情况发生。特别党小组还在村委会建立了兰州市公安局安康医院驻庙咀村卫生所的结对支医工作站，每月安排安康医院2名医务人员开展"医生+患者"结对帮扶就诊，并协调甘肃省第三人民医院组织医务专家进村开展医务指导和义诊活动。

强"两委"素质，脱贫攻坚同频共振

"特别党小组梳理了一系列相关规章制度，让村一级的党建工作有章可循。我们的民主生活会、'三会一课'都固定化常态化开展起来。在特别党小组带领下，我们正在逐步完善基层党建工作的方式方法，对比以前的无处下手，现在真是越来越规范了。"豆家庄村党支部书记、特别党小组成员王树官坦言："这就好比培养一个人的良好习惯，一旦养成，受益终身。"

在燕儿坪村，由特别党小组牵头，村里成立了党的十九大精神宣讲团，将集中讲、入户讲和微信讲结合起来，把党的十九大精神宣讲全面覆盖到在家的120多户村民；在庙咀村，特别党小组积极组织村"两委"成员重点学习宣传党的十九大精神，及时传达新政策、新要求，共入户宣讲各项政策67次。

目前，兰州全市262个贫困村已经全部成立特别党小组。特别党小组协助乡镇党委整顿建强了软弱涣散的农村党组织，培育提高了村"两委"的素质、能力和水平，积极与派出单位牵线搭桥，争取资金

和项目、兴办村集体经济和发展产业，以党小组的"小支点"撬起了贫困村发展的"大格局"，收到了良好的成效，赢得了群众的广泛好评，发挥了重要作用。

为了确保特别党小组的战斗力，兰州出台规定，对工作不用心、工作成效不好的成员及时组织"回炉"学习，对不愿干、不愿学，经教育仍然不改进的按相关规定"召回"；同时，相关考核结果还将作为年度考核和干部选拔任用的重要依据，对派驻的工作队成员考核结果年底如实反馈派出单位，并按干部管理权限上报干部管理部门，奖优罚劣，为全市如期完成脱贫目标任务、决胜全面小康，发挥更大作用。

实践证明，脱贫攻坚特别党小组的成立，做到了脱贫攻坚的"战场"在哪里，党的工作就拓展到哪里、基层党组织和党员的作用就发挥到哪里，全面提升了基层党组织的战斗力和凝聚力，为打造一支"不走的扶贫工作队"、打赢脱贫攻坚战提供了有力保障。

（《特别党小组撬动扶贫大格局》，《人民日报》2018年2月6日）

第五章 党课制度

一、党课制度的内容

自中国共产党成立至今，随着中国共产党的政治路线和工作重心的变化，在中国新民主主义革命时期、社会主义建设时期和改革开放时期的不同阶段，对党员的思想教育是不同的，因此党课教育的内容是一个动态发展的过程。2015年10月实施的《干部教育培训工作条例》第四章"教育培训内容"第十九条规定："干部教育培训坚持以理想信念、党性修养、政治理论、政策法规、道德品行教育培训为重点，并注重业务知识、科学人文素养等方面教育培训，全面提高干部素质和能力。"

进入新时代后，党课制度的内容也要与时俱进，必须以习近平新时代中国特色社会主义思想和党的十九大精神为主线，使之贯穿于整个党课教育的过程之中。新时代的党课制度在以习近平新时代中国特色社会主义思想的指导下，根据党中央的思想政治路线以及《中国共产党章程》，党课教育的内容应该包括以下几个方面。

（一）马克思主义基本理论教育

中国共产党以马克思列宁主义、毛泽东思想、邓小平理论、"三个代表"重要思想、科学发展观、习近平新时代中国特色社会主义思想作为自己的行动指南。马克思主义基本原理由马克思主义哲学、马克思主义政治经济学、科学社会主义三个部分组成。新时代党课制度的马克思主义基本理论教育，不只包括马克思列宁主义，也包括马克思主义中国化的理论成果——毛泽东思想、邓小平理论、"三个代表"重要思想、科学发展观、习近平新时代中国特色社会主义思想。2010 年 9 月，习近平总书记在浦东干部学院座谈会上的讲话指出："做好新形势下干部教育培训工作，要突出抓好马克思主义理论教育特别是中国特色社会主义理论体系教育和党性教育，着力提高干部思想政治素质和道德品质。"

马克思列宁主义科学揭示了人类社会的历史发展规律，始终具有强大的生命力，是马克思主义基本理论的重要组成部分。中国共产党成立至今，始终坚持马克思列宁主义，一直为实现共产主义最高理想而奋斗。以毛泽东同志为主要代表的中国共产党人，把马克思列宁主义的基本理论同中国革命的具体实际相结合，创立了毛泽东思想。自党的十一届三中全会以来，以邓小平同志为主要代表的中国共产党人，深刻总结了新中国成立以来正反两方面的经验，实现了全党的工作中心转移到经济建设上来，实行改革开放，逐步形成了建设中国特色社会主义的路线、方针、政策，开辟了中国特色社会主义发展的新时期，创立了邓小平理论。党的十三届四中全会以来，以江泽民同志为主要代表的中国共产党人，逐步提升了对什么是社会主义、怎样建设社会主义和建设什么样的党、怎样建设党的认识，形成了"三个代表"重要思想。党的十六大以来，以胡锦涛同志为主要代表的中国共产党人，顺应新的时代发展要求，深刻认识和回答了新时期实现什么样的发展、怎样发展等重大问题，逐步形成了以人为本的科学发展观。党的十八大以来，以习近平同志为主要代表的中国共产党人，顺应新时代的发展要求，紧密结合了理论与实践，系统回答了新时代坚持和发展什么样的中国特色社会主义、怎样坚持和发展中国特色社会主义这个重大时代课题，创立了习近平新时代中国特色社会主义思想。

马克思主义基本理论教育是党课制度内容的核心组成部分，处于重中之重的地位。在对广大党员进行党课教育的过程中，要让他们系统地掌握马克思主义基本理论，加强对马克思主义经典原著的学习，更要认真学习马克思主义中国化的最新理论成果，把理论教育同中国具体实践相结合。

（二）党员的理想信念教育

中国共产党是中国工人阶级的先锋队，同时是中国人民和中华民族的先锋队，是中国特色社会主义事业的领导核心。党的最终目标和最高理想就是要实现共产主义，而党员的理想信念教育就是要使党员可以坚定共产主义信念，坚持共产主义理想，为共产主义事业奋斗终身。

党员的理想信念正是建立在对社会发展客观规律的科学认识和对人类美好生活的不断追求上的，反映了广大党员对共产党的认同感和归属感。因此拥有坚定的理想信念是每一位共产党员的立身之本，也是中国共产党领导中国革命和社会主义建设取得胜利的基础。党的十八大报告指出："必须坚定理想信念，坚守共产党人精神追求。对马克思主义的信仰，对社会主义和共产主义的信念，是共产党人的政治灵魂，是共产党人经受住任何考验的精神支柱。"

习近平总书记多次强调理想信念对共产党人的重要性。2012 年11 月17 日，在十八届中央政治局第一次集体学习时，习近平总书记指出："坚定理想信念，坚守共产党人精神追求，始终是共产党人安身立命的根本。对马克思主义的信仰，对社会主义和共产主义的信念，是共产党人的政治灵魂，是共产党人经受住任何考验的精神支柱。形象地说，理想信念就是共产党人精神上的'钙'，没有理想信念，理想信念不坚定，精神上就会'缺钙'，就会得'软骨病'。现实生活中，一些党员、干部出这样那样的问题，说到底是信仰迷茫、精神迷失。"

革命理想高于天。没有坚定的理想信念的共产党员不是合格的共产党员。因此对党员理想信念的教育是新时代党课制度内容的重要组成部分。中国共产党人的政治灵魂是对马克思主义的信仰，对社会主义和共产主义的信念。中国共产党是高度集中统一的马克思主义政党，思想上的统一、政治上的团结、行动上的一致是我们党的事业不断发展壮大的根本所在。因此党课教育必须坚持教育引导党员干部坚定理想信念，坚定"四个自信"，增强"四个意识"，深入学习贯彻习近平新时代中国特色社会主义思想和党的十九大精神，不断提高政治站位和政治自觉，做共产主义远大理想和中国特色社会主义共同理想的坚定信仰者、忠实实践者、先锋模范者。

（三）党员的党性教育

1939 年 7 月，刘少奇在《论共产党员的修养》中对党性进行了一定的阐释："党的利益高于一切，这是我们党员的思想和行动的最高原则。根据这个原则，在每个党员的思想和行动中，都要使自己的个人利益和党的利益完全一致。在个人利益和党的利益不一致的时候，能够毫不踌躇、毫不勉强地服从党的利益，牺牲个人利益。为了党的、无产阶级的、民族解放和人类解放的事业，能够毫不犹豫地牺牲个人利益，甚至牺牲自己的生命，这就是我们常说的'党性'或'党的观念''组织观念'的一种表现。这就是共产主义道德的最高表现，就是无产阶级政党原则性的最高表现，就是无产阶级意识纯洁的最高表现。"1945 年 5 月，毛泽东在《在中国共产党第七次全国代表大会上的结论》中对党性进行了深刻分析："马克思讲的独立性和个性，也是有两种，有革命的独立性和个性，有反动的独立性和个性。而一致的行动，一致的意见，集体主义，就是党性。我们要使许多自觉的个性集中起来，对一定的问题、一定的事情采取一致的行动、一致的意见，有统一的意志，这是我们的党性所要求的。"这是老一辈革命家对党性作出的深刻论述。

党的十八大以来，以习近平同志为核心的党中央始终高度重视党员的党性教育，相继提出了"党性教育是共产党人修身养性的必修课""党性是党员干部立身、立业、立言、立德的基石"等重要思想。2013 年 9 月，习近平总书记在指导河北省委常委班子专题民主生活会时讲话强调："党性是党员干部立身、立业、立言、立德的基石，必须在严格的党内生活锻炼中不断增强。要增强党内生活的政治性、原则性、战斗性，使各种方式的党内生活都有实质性内容，都能有针对性地解决问题，坚决反对党内生活中的自由主义、好人主义。"2015 年 12 月，他在全国党校工作会议上的讲话进一步指出："党性教育是共产党人修身养性的必修课。各级党校要把党性教育作为教学的主要内容，深入开展理想信念教育、党的宗旨教育，把党章和党规党纪学习教育作为党性教育的重要内容。"随后他还提出了党性教育的内容，那就是："各级党校要把党性教育作为教学的主要内容，深入开展理想信念教育、党的宗旨教育，深入开展党史国史教育、革命传统教育，深入开展道德品行教育、法治思维教育、反腐倡廉教育，把党章和党规党纪学习教育作为党性教育的重要内容。"习近平总书记强调党员的党性教育首先要学好《中国共产党章程》，"党性教育首先要学好党章。党章是党的总章程，是全党必须遵循的根本行为规范，认真学习党章、熟悉掌握党章是党员应尽的义务"。

（四）党的基本知识教育和党章教育

党的基本知识教育包括中国共产党的性质、党的指导思想、党的纲领和路线、党的根本宗旨、党的组织原则、党的纪律、党的团结、党员的基本条件、党员的权利和义务等。通过党的基本知识教育，共产党员都掌握了党的基本知识，也明确了自身的权利和义务，可以更好地做一名合格党员。

党的十八大以来，党章教育变得越来越重要。习近平总书记指出，党章就是党的根本大法，是全党必须遵循的总规矩。"党章是党的总章程，集中体现了党的性质和宗旨、党的理论和路线方针政策、党的重要主张，规定了党的重要制度和体制机制，是全党必须共同遵守的根本行为规范。没有规矩，不成方圆。党章就是党的根本大法，是全党必须遵循的总规矩。"习近平总书记要求："要把党章学习教育作为经常性工作来抓，通过日常学习、专题培训等形式，组织党员学习党章。要把学习党章作为各级党校、干校培训党员领导干部的必备课程。要把检查学习和遵守党章情况作为组织生活会、民主生活会的重要内容。通过学习教育，使全党同志对党章内化于心、外化于行。"

进入新时代，党章教育尤其值得关注。2012 年 11 月，习近平总书记在《认真学习党章　严格遵守党章》的讲话中对学习遵守党章，提出了一系列重要思想和举措，如"党章就是党的根本大法，是全党必须遵循的总规矩"，"认真学习党章、严格遵守党章，是加强党的建设的一项基础性经常性工作，也是全党同志的应尽义务和庄严责任"，"要把党章学习教育作为经常性工作来抓"，"要严格遵守党章各项规定"，"各级领导干部要把学习党章作为必修课，走上新的领导岗位的同志要把学习党章作为第一课，带头遵守党章各项规定"等。

习近平总书记要求："要严格遵守党章各项规定。全党要牢固树立党章意识，真正把党章作为加强党性修养的根本标准，作为指导党的工作、党内活动、党的建设的根本依据，把党章各项规定落实到行动上、落实到各项事业中。建立健全党内制度体系，要以党章为根本依据；判断各级党组织和党员、干部的表现，要以党章为基本标准；解决党内矛盾，要以党章为根本规则。要加强对遵守党章、执行党章情况的督促检查，对党章意识不强、不按党章规定办事的要及时提醒，对严重违反党章规定的行为要坚决纠正，全党共同来维护党章的权威性和严肃性。"

（五）党史和党的优良传统教育

2011 年，经中央同意，中组部、中宣部、中央文献研究室、中央党史研究室、教育部、共青团中央六部委联合发出《关于在党员、干部、群众和青少年中开展中共党史学习教育的通知》（以下简称《通知》）。《通知》指出：要充分认识开展中共党史学习教育的重要意义。开展党史学习教育，是加强党的思想理论建设、推进社会主义核心价值体系建设的重要任务，是提高党员、干部、群众和青少年思想政治素质的重要方式，是巩固马克思主义在意识形态领域的指导地位、巩固全党全国各族人民团结奋斗的共同思想基础的重要途径。把这项工作抓出成效，对于广大党员、干部加深对党的认识，坚定共产主义理想和中国特色社会主义信念，认真践行全心全意为人民服务宗旨；对于各级领导干部增强继往开来的历史使命感，学习和运用党的历史经验提高治国理政本领，不断推动科学发展、促进社会和谐；对于广大群众尤其是青少年正确认识党的历史，牢固树立坚持中国共产党的领导、坚持中国特色社会主义道路的信心，继承和发扬党的光荣传统和优良作风，都具有十分重要的意义。

2010 年 7 月，习近平总书记在全国党史工作会议讲话时指出："要以各级党员领导干部为重点，把党史教育纳入干部教育培训的必修课，把全面了解和正确认识党的历史作为一项基本要求，教育引导党员领导干部特别是年轻干部认真学习党的历史，努力提高思想政治素质和领导水平。"因此，党史教育作为干部培训的重要内容，也是党课制度的重要内容。

习近平总书记在党的十九大报告中指出，弘扬马克思主义学风，推进"两学一做"学习教育常态化制度化，以县处级以上领导干部为重点，在全党开展"不忘初心、牢记使命"主题教育，用党的创新理论武装头脑，推动全党更加自觉地为实现新时代党的历史使命不懈奋斗。2019年5月13日，中共中央政治局召开会议，决定从2019年6月开始，在全党自上而下分两批开展"不忘初心、牢记使命"主题教育。习近平总书记强调，为中国人民谋幸福，为中华民族谋复兴，是中国共产党人的初心和使命，是激励一代代中国共产党人前赴后继、英勇奋斗的根本动力。开展"不忘初心、牢记使命"主题教育，要牢牢把握守初心、担使命、找差距、抓落实的总要求，牢牢把握深入学习贯彻习近平新时代中国特色社会主义思想、锤炼忠诚干净担当的政治品格、团结带领全国各族人民为实现伟大梦想共同奋斗的根本任务，努力实现理论学习有收获、思想政治受洗礼、干事创业敢担当、为民服务解难题、清正廉洁作表率的具体目标，确保这次主题教育取得扎扎实实的成效。因此，党课教育的内容要与"不忘初心、牢记使命"主题教育紧密结合起来。

（六）党的基本路线、形势政策教育

党的基本路线、形势政策教育是党课制度的基本内容，是提升党员能力的基础。《中国共产党章程》规定中国共产党在社会主义初级阶段的基本路线是：领导和团结全国各族人民，以经济建设为中心，坚持四项基本原则，坚持改革开放、自力更生、艰苦创业，为把我国建设成为富强民主文明和谐美丽的社会主义现代化强国而奋斗。中国共产党在领导社会主义建设事业中，必须坚持以经济建设为中心，其他各项工作都服从和服务于这个中心。坚持社会主义道路，坚持人民民主专政，坚持中国共产党的领导，坚持马克思列宁主义、毛泽东思想这四项基本原则，是我们的立国之本。坚持改革开放，是我们的强国之路。只有改革开放，才能发展中国、发展社会主义、发展马克思主义。

除此之外，党课还要加强对党员的形势政策教育，使广大党员坚定"四个自信"，不断增强政治意识、大局意识、核心意识和看齐意

识，从而可以贯彻落实党中央的路线、方针、政策。

[案例介绍]

讲好"故事党课" 提升党课感染力

党课是"三会一课"制度的重要内容。讲党课是我们党加强思想政治教育的好传统，是开展党内政治生活的"传家宝"，是推进"两学一做"学习教育常态化制度化的重要载体，是提升党员素质的有效举措。在"两学一做"学习教育中，昭通市坚持问题导向，注重落细落小，创新党课方式，积极探索推行"故事党课"，用生动感人的故事、娓娓道来的讲述、发人深省的启示，让党员在聆听故事的同时受感染、受教育、受启迪，极大地增强了党课的感染力、吸引力和影响力，全面提升了党课教育的魅力。

精心设计内容 突出故事"党味"

始终贯彻"党课姓党"的要求，坚持党课的政治性，以此突出"故事党课"的"党味"。党课内容是讲好党课的核心所在，"故事党课"也不例外，内容必须始终坚持政治性与故事性相统一。在精心设计"故事党课"时，内容上主要突出三个重点：一是革命先辈的故事——讲好革命战争时期共产党人为实现民族独立、解放，不怕艰难、执着追求的故事，特别是讲好红军长征时期发生在昭通革命老区的动人故事；二是先进典型的故事——讲好新中国建设时期共产党人为实现国家繁荣、富强，信念坚定、一心为民、乐于奉献、公而忘私的故事，重点讲好焦裕禄、杨善洲、高德荣等先进典型的故事；三是身边党员的故事——讲好昭通市优秀党员在抗震救灾、脱贫攻坚、跨越发展中，团结一心、开拓进取、履职尽责、勇于奉献的故事，用身边的人、身边的事教育人、感染人、激励人。为了使"故事党课"内容达到"有血有肉有灵魂"的要求，昭通市以原创故事、本土故事的挖掘为主，精心编撰《革命先辈的故事》《先进典型的故事》《身边党员的故事》3本故事书，收编了190余个"党课故事"，供各级党组织参考。

创新讲述方式　展现党课趣味

生动感人的故事具有很强的吸引力和影响力。"故事党课"是充分发挥故事这一优势来创新党课教育的一种鲜活形式。为着力提升"故事党课"的趣味，不断增强党课教育的吸引力和感染力，昭通市注重采取三种手段：一是创新讲述方式。广泛采取探讨式教学、轮流式讲学、互动式促学、送课上门、一线讲学等方式，边叙事、边说理，边对照、边点评，边总结、边启示，让党员干部全身心参与其中，激发学习兴趣和求知欲望。二是丰富授课方式。借助PPT、微视频等辅助工具，增强党课的画面感，使"故事党课"更加鲜活生动、引人入胜。注重根据不同对象、不同场合，采用灵活多样、便捷有效、群众喜闻乐见的方式讲党课。特别在"老少边贫"地区，讲述人员更加注意衣帽穿戴、服饰搭配，灵活采用普通话、方言、少数民族语言进行讲述，力求"官话土说"、老话新说、套话少说、废话不说，让"故事党课"更接地气，真正克服一些党组织党课教育单向灌输、空洞说教、语言生硬、枯燥乏味、不接地气，缺乏亲和力、吸引力和感染力的问题。三是拓展听课方式。在各级党建网站上开辟专栏，上传优秀故事和精彩视频到"故事党课"，搭建"故事党课"网络学习平台；依托"红色扎西"微信公众号，开展"每日一课"活动，每天推送1堂"故事党课"，不断拓展"故事党课"的教育面和影响力。

注重教育实效　彰显党课韵味

"故事党课"能够达到听众"喜欢听、容易懂、记得住、收获大"的党课教育效果，主要体现在三个方面：一是小故事讲明大道理。通过灵活多样、生动感人的"故事党课"，将党的理论和路线方针政策等转化为广大党员耳熟能详、深入浅出、易于接受的精彩故事，用共产党人的先进事迹教育共产党员，用共产党人的感人故事感染共产党员，把深奥的大道理讲得清清楚楚、明明白白、透透彻彻。二是小故事凝聚大能量。通过以小见大的"故事党课"，让广大党员从中受到深刻的思想教育和精神洗礼，不断补足精神之"钙"，坚定理想信念，切实增强向革命先辈、先进典型、身边党员学习的思想自觉和行动自觉，为实现昭通脱贫攻坚、全面小康、跨越式发展目标凝聚强大的正能量。三是小故事破解大难题。通过细节丰富生动的"故事党课"形式，有效破解党课教育形式不活、吸引力不强、效果不佳等问题，让广大党员听得懂、坐得住、学得进、有触动、受启发，进一步增强了党课教育的吸引力、凝聚力、说服力、感召力。

（《讲好"故事党课"　提升党课感染力》，人民网，2019 年 9 月 5 日）

二、党课教育的形式

（一）"引领式"党课

主要表现形式是扩大党课的授课主体，开创领导干部、党组织负责人、专家学者和先进典型分层次讲授党课的模式。第一层次是领导干部和党组织负责人以身作则，结合自身工作实际和实践经验讲好"示范党课"。第二层次是专家学者答疑解惑，围绕理论研究和热点问题讲好"专题党课"。第三层次是广大党员身边的优秀党员、劳动模范等先进典型带头领路，结合自身工作体会讲好"典型党课"。

[案例介绍]

党课教育须多下"精准"功夫

党课教育是教育管理党员、提升党员素质的有效方式，是加强党性教育、保持党员先进性的基本途径，是"三会一课"的重要内容。抓好党课教育，对于有效净化党员心灵、提升党员党性修养等方面均具有重要意义和作用。

现实条件下，少数党员干部党课教育不精准，有的不分对象讲党课，搞"通用模板""万能讲稿"；有的不接地气讲党课，授课内容脱离党员具体实际，不能够紧扣党员需求有针对性地讲授，出现大而化之、泛泛而讲；有的老调常谈讲党课，党课教育习惯沿用老套路、老思想、老传统，不能够做到与时俱进，让人听起来味同嚼蜡，凡此种种，会让党课教育缺乏应有的"药性"，难以起到醒脑开窍之功效。我们只有多下"精准"功夫，做到精准把脉、精准开方、精准用药，努力提升党课教育精准度，党课教育才能够真正入脑入心。

精准把脉，避免"一刀切"。党课教育是一项严肃而细致的工作，不能不分情形搞"一刀切""大水漫灌"，需要号准授课对象的思想脉络，把党课真真切切地讲到党员心眼里，让党员听得懂、学得深、悟得透，实现融会贯通。要多开展谈心谈话，找党员深入细致谈，搞清他们的所思所想所需，摸准思想"病灶"及其来龙去脉；要多实施调查研究，紧贴党课主题，有选择地到相关领域开展调研，充分了解涉及领域的基本动态，确保党课内容更有针对性、更加有血有肉，为有的放矢讲好党课奠定基础，切实把功夫更多地下在课前，让党课教育直抵人心、入脑入心。

精准开方，避免"一把抓"。党课教育贵在精准对路、因人施教，不能"胡子眉毛一把抓"，而是要针对性制定详细的讲授计划，做到全面统筹、对症开方。要统筹好授课内容，在前期课前功夫的基础上，依据党员教育需求和党员阶段性思想走势，细化年度讲授内容，明确讲授"课程表"，确保"一把钥匙开一把锁"，坚决杜绝任务摊派、临时委派，出现见子打子现象；统筹好授课主体，要根据党员干部熟悉的领域和自身专长，有重点地明确党课由谁来讲，让他们提前知晓什么时候讲、讲什么等相关要素，精准开出党课"药方"，确保党课教育更"走心"。

精准用药，避免"一锅煮"。俗话说，"精工出细活"。党课教育需要精雕细琢，做到精准施策，不能不分具体情况搞"大杂烩""一锅煮"，让党课教育缺乏应有的生机与活力。不同的授课对象有不同的现实情况和需求，在调味上就不能始终一种"口味"，我们在备料上要体现差异化，依据前期掌握的党员思想动态，有针对性地准备党课讲授内容，烹出色香味俱全的党课"大餐"；在形式上要体现差异化，结合各类党员实际情况，有选择地采取"有声党课""网络党课""情景党课"等形式开展党课教育，全方位激发党员"味蕾"、疏通思想"堵点"，切实让党课教育更加有的放矢。

（《党课教育须多下"精准"功夫》，人民网，2019年3月11日）

（二）"互动式"党课

传统党课一般都是"一人讲"或者单向授课的方式居多，而"互动式"党课是鼓励广大党员走上讲台，实现"一人讲"向"大家讲"的方式转变。首先，党组织要确定党课的主题，一般是以党支部为单位，根据上级党组织的学习要求和党员关注的时政热点，可以确定几个小题目。其次，每位党员根据自身实际，结合工作中的经验，选择题目，自行准备，分别为大家讲党课。最后，党员讲完党课后，党组织内部进行互动讨论，促进党员的思想交流认识。

[案例介绍]

广东惠州："学习会"融媒体矩阵助力党员教育

广东省惠州市全面推进习近平新时代中国特色社会主义思想普及教育，以入脑入心、生动互动多形式持续抓好抓实习近平总书记重要讲话精神的大学习活动，从2018年6月开始，下大力气打造了集电视、微信公众号、APP、远教平台等多媒体一体联动的"学习会"融媒体矩阵，受到基层党员群众广泛欢迎和认可。

聚焦"走心入脑"，制作推送"学习会"朗诵微视频。制作单集时长不超1分钟的朗诵微视频，邀请党员走进演播室，诵读习近平总书记系列重要讲话和共产党宣言、领航中国等经典原文选段。其中，突出选取基层党员群众听得懂、悟得透的小故事，如习近平总书记引用过的"三不欺""民之脂膏""霸王别姬"等小故事，把深刻理论用浅显语言讲清讲透。截至目前，"全国最美志愿者"、"南粤楷模"赵喜昌、党的十九大代表王敏、"南粤十佳卫士"、"全国爱民模范"沈忠民，40多名教师、律师、公务员行业优秀党员诵读经典、分享心得。还有100余位基层普通党员参加诵读、分享心得。近日，围绕学习贯彻习近平总书记视察广东重要讲话精神，启动"基层党员谈学思践悟"主题微视频录制活动，向全市党员推送分享。基层党员反映，聆听这些作品，形式很新颖，一字一句穿透心灵。

突出"实时推送、优质体验"，搭建融媒体平台。打通互联网、手机移动终端、有线电视之间的平台"壁垒"，在远教平台系统、惠州电视台、惠州先锋网、"惠州先锋"APP、"惠眼"APP、"惠州先锋"公众号，以及线下"朗读亭"等7个渠道实现"一个品牌、多端推送、实时到达"，切实提高"学习会"作品到达率和美誉度。目前已依托7个渠道推送《学习会》专栏120期、900多次，仅在手机终端平台就收获近20万的点击量，数十万人收看学习。9月26日惠阳叶挺将军纪念园"学习会"专场活动，优秀党员代表、村（社区）书记、一线公安民警等纷纷走上舞台，现场一起朗诵《囚歌》《可爱的中国》《习近平谈治国理政》等选段，分享抗击超强台风"山竹"时连夜转移群众、生产自救等感人故事。7个渠道集中推送，实时有超8.5万名党员群众在线收听收看，受到了强烈震撼。

围绕互动性提升参与度，让聆听者也成为朗读者。把活动延伸至"最后一公里"，前期以知名度较高的党员先进分子为主角，后期逐步把"麦克风"和镜头留给基层一线党员群众。依托各级党组织，结合"三会一课"等活动，开展"学习会"专场朗诵会，请普通党员上台朗诵经典、分享学习的体会。截至目前，累计剪辑推送了87名普通党员的音视频朗诵作品。例如，活动开展以来，惠阳区积极部署在镇街开展学习会朗读活动，在镇街官方微信公众号上开辟专栏，村（社区）党员积极提交朗读音频。平潭镇鹤湖村党支部还发动党员积极提交朗读音频。大亚湾区还在楼宇商圈、村（社区）、企业等公共场所投放"党建朗读亭"，逾7000名普通党员走进朗读诵读红色经典。

（《广东惠州："学习会"融媒体矩阵助力党员教育》，共产党员网，2018年11月5日）

（三）"开放式"党课

传统党课一般都是念念稿子、读读文件，内容死板、老套，无法调动党员学习的积极性。"开放式"党课是在党课主题明确后，组织广大党员积极提供素材，包括文字材料、多媒体材料或者是工作生活中遇到的事例，改变了传统党课的讲课内容，增强了党课教育的时效性和针对性，使党课变得生动、有说服力，充分调动了党员学习的积极性，更好地发挥了集体智慧的作用。

（四）"体验式"党课

传统党课一般采取的是课堂教学，而"体验式"党课是把课堂从室内搬到了革命传统教育基地、党性教育基地、爱国主义教育基地等，在领导干部和党组织负责人的带领下参观学习，并结合本单位的工作实际，开展实地党课教育，进行深刻的交流讨论，使党员更加直观地接受党性教育，增强党课学习的兴趣和积极性。

（五）"电子式"党课

"电子式"党课主要是采用现代化媒介教学技术对党员进行党课教育，改变传统的党课教育形式，比如"网络远程党课""微信党课"等，充分利用网络、网站、微信、QQ 等多媒体形式，改变传统的党课教育形式，让党课变得生动、方便、新颖。比如，利用网络远程讲授党课，让党员在家也能听党课；开发党课微信公众号，实时推送党课内容，让党员随时随地都可以学习党课等，这些"电子式"党课充分调动了党员学习党课的积极性和主动性。

〔案例介绍〕

广东乐昌："党建日签"激发党员学习主动性

为丰富党员学习教育载体，提高党员个人自学主动性，2019 年以来，广东省乐昌市依托"乐昌党建"微信公众号开设"党建日签"栏目，通过每日推送图文并茂的日签卡片，为党员利用碎片化时间学习习近平新时代中国特色社会主义思想和党的理论知识提供便利，激发了党员个人自学的主动性。

体裁上"新"。为了补齐党员集中学习缺乏灵活性、个人自学缺乏自觉性的短板，乐昌市委组织部参照线上日历的做法，将乐昌市各地风景名胜、镇村新貌景观图片和学习内容制成"党建日签"，并通过"乐昌党建"公众号每日推送，以新颖的方式组织党员每日自学党的理论知识，方针政策，提高党员自学的积极性、主动性。

内容上"实"。"党建日签"的内容除了年月日信息外，还登载了习近平总书记重要讲话、重要论述原文，并将习近平新时代中国特色社会主义思想和党的十九大精神、党章知识等相关党建工作要求、党务知识编辑成了简短易懂、朗朗上口的知识点，帮助广大党员干部深入学习习近平新时代中国特色社会主义思想，丰富党的理论知识，及时掌握国家大政方针，有效提高党员个人自学效果。

传播上"广"。"党建日签"为党员利用碎片化时间开展学习提供了便利，激起了党员主动学习的积极性，深受党员干部喜爱，形成每日阅读"党建日签"自学党的理论知识、积极转发"党建日签"传播习近平新时代中国特色社会主义思想的热潮。据统计，"乐昌党建"在2019年3月推出"党建日签"栏目以来，公众号每月浏览量由3687人5410次提高至9058人13685次，党员在微信朋友圈中转载"党建日签"图片进行"打卡"，主动传播习近平新时代中国特色社会主义思想，每日自学、自我监督成为乐昌市党员线上学习的新风尚。

下一步，乐昌市委组织部将继续发挥好微信公众号等新媒体阵地作用，以"党建日签"为突破口，积极探索利用H5、短视频等方式强化党员线上教育实效性，努力打造党员远程教育"网红"品牌。

（《广东乐昌："党建日签"激发党员学习主动性》，闻喜党建网，2019年5月23日）

三、确定党课的主题

确定党课的主题，是做好党课教育准备的首要工作，也是加强党课教育效果的基础。一般包括以下三个方面。

（1）认真执行上级党组织制定的党课教育计划的安排和部署，完成上级党组织规定的党课教育内容。这是党组织党课教育的基本任务，是完成党课制度的重要保障。

（2）围绕党的中心工作开展，把思想政治教育和党的中心工作紧密结合起来。党的十九大后，党中央提出了一系列重要思想，也进行了一系列重大战略策略的部署安排，因此党课的主题应紧紧围绕这些问题展开，保证广大党员的党课教育在思想上政治上行动上同党中央保持高度一致。

（3）把上级党组织的党课教育计划、党的中心工作同本单位的党员思想实际情况结合起来，从党员普遍关心的时政热点、工作难点问题出发，有针对性地确定党课的主题，充分调动党员学习党课的积极性。

［案例介绍］

大学生："这堂集体党课上得赞"

11月23日上午，由教育部主办的"学习宣传贯彻党的十九大精神——千名高校优秀辅导员'校园巡讲'和'网络巡礼'活动"上海报告会在同济大学举行。来自上海50余所高校的2000多名大学生党员和辅导员、思想政治理论课教师代表聆听报告，"零"距离感受党的十九大的丰富精神内涵。

学在一起、讲在一起、悟在一起

报告会现场，上海交通大学人文学院党委副书记汪雨申、杭州师范大学经亨颐学院党总支副书记沈嫣、武汉大学历史学院学工办主任徐冶琼、安徽工业大学冶金工程学院团委书记杨建、中国矿业大学计算机学院学工办主任李琳等5位优秀辅导员代表，依次展开宣讲。看似宏大的"大道理"，在5位辅导员的宣讲中都化作了身边事、身边理。

比如，汪雨申分享上海交大老学长钱学森放弃国外优厚待遇毅然回国发展新中国火箭和航空事业的故事；徐冶琼讲述武汉大学社会学系"最土博士"腾跃钻到大山深处，抢救民俗技艺和文化的故事；沈嫣带来自己家乡杭州梦想小镇一群大学生创客的创业故事。辅导员和青年学生学在一起、讲在一起、悟在一起，正是此次"双巡"活动的最大亮点。

要学懂，还要落实

辅导员巡讲团的精彩报告，引发了现场高校教师和学生强烈共鸣。上海理工大学国际经济与贸易专业2014级本科生孙丽蓉说："我是一名预备党员，此次巡讲让我感受到从未有过的自信和心安。自信来自国家的实力，国家日益强盛的背后是民族文化的自信。心安来自我们的党和国家领导人始终关心人民群众，国家着力于改善民生，让人民脱贫致富奔小康，倡导大众创业万众创新，让更多人有平台去施展抱负，让我们的生活越来越好。"

"这堂集体党课上得赞。"华东师范大学马克思主义学院副教授闫方洁听完巡讲后说。作为全国高校思想政治理论课教学能手、上海市马克思主义理论教学研究中青年拔尖人才，闫方洁认为，一方面要让大学生"学懂""入脑"，从理论高度领会党的十九大的新理念、新论断，把握其真理性与价值性；另一方面要让大学生"落实""入心"，这堂辅导员党课与实践结合更紧密，与学生的实际生活结合更紧密，推进思想政治教育理论与实践的结合。"像今天这样，通过集体备课等实现思政课老师与辅导员的协同，进而将系统阐释与重点宣讲相结合、将深度剖析与生动宣讲相结合，既突出'理'又彰显'情'，既能帮助学生塑造思维领域的统一性认识，又使他们能把新时代的美好期望转化为点滴努力。"闫方洁表示。

上海正通过重点抓思想政治理论课、抓"课程思政"、抓理论研究、抓平台建设、抓实践内化、抓大中小一体化等，多措并举推进党的十九大精神进教材进课堂进头脑。在抓实践内化方面，激发大学生主体作用，引导大学生以生动形式宣讲党的十九大精神。如，上海重点支持复旦大学博士生讲师团、上海大学泮池学社等一批高校马克思主义理论学生社团，引导大学生学习宣讲马克思主义理论；在"我与党的十九大——上海青年大学生马克思主义理论学习大比武"中，上海青年大学生用自己的声音传递对党的十九大精神的理解和感悟。

不仅如此，上海注重发挥易班网络互动平台作用，开展"'易'起喜迎十九大""青春瞩目十九大""'易'起表白十九大"等活动，吸引青年学生关注中国变化发展，引导青年学生领会党的十九大精神。

（《大学生："这堂集体党课上得赞"》，《光明日报》2017 年 11 月 25 日）

四、党课教育的基本要求

（一）必须坚持党课教育的党性原则

坚持党课教育的党性原则，首先就是要做到党课教育的内容和形式都要符合党章的相关规定，突出党性教育和政治性观念，主要目的是引导广大党员坚定理想信念，坚持共产主义远大理想，自觉做到思想上政治上行动上同党中央保持高度一致。在实际工作中，能够自觉地用马克思主义的立场、观点和方法武装头脑，指导工作实践，不懈地为中国特色社会主义事业奋斗。党课教育的具体内容，应当紧密围绕党的中心任务，认真完成上级党组织的党课教育安排，结合党员的实际思想状况，精心安排课程。

（二）必须坚持理论联系实际

理论联系实际是中国共产党的三大优良作风之一，也是党课教育必须坚持的要求之一。党课教育主要是把党的基本理论情况灌输到党员心中，促使广大党员能够在日常工作生活中运用马克思主义的立场、观点和方法来思考问题、解决问题。这就要求在开展党课教育的过程中，要认真研究党员的实际情况和需求，分析受教育对象的类型及特点，根据受教育对象的不同需要和不同特点，制定党课教育的模式，进行有的放矢的教育，有针对性地帮助广大党员认识和解决问题。同时要注重解决党员的思想问题和现实问题相结合，让广大党员学有所获，提高对党课学习的主动性和积极性。

[案例介绍]

让"有意义"的党课更"有意思"

"今天的党课真有意思，很久没有这么认真地听讲了"，"不用到现场，向老师提问没什么压力，形式蛮好"……最近，我们参与了一场比较"特别"的党课。以当下年轻干部喜闻乐见的直播形式，加上讲课老师言之有物、论之有据、生动有趣的讲述，一堂课下来，受到现场以及线上党员干部的一致好评。

作为"三会一课"的重要组成部分，讲党课是开展党员教育的"不二法宝"。然而，在实际工作中，毫无新意、内容枯燥的课件，板起面孔说教、充满"夫子气"的授课老师，以及心不在焉、昏昏欲睡的听课党员，却是很多党课的"标配"。

在注意力越加宝贵的时代，如何把"干货满满"、理论丰富的党课讲好，如何让更多的年轻干部"路转粉"、达到"传道授业"的实际效果，是不少党课组织者和授课者应当思考的问题。

多用"能圈粉"的"新形式"。会议室可容纳人数的多少、授课者的学历职务高低、多媒体课件的丰富与否等，都不是一堂好党课的衡量标准。在抗日战争时期，时任晋绥军区司令员贺龙，用了三样"教材"：一碗小米，一双崭新的黑布鞋，加一碗有条小鱼的清水，为战士们上了一堂生动活泼的党课，使大家受到了一次党的群众路线的深刻教育。当下，不少单位结合实际，采取直播党课、微视频等"互联网+党课"，以及在脱贫攻坚一线、红色教育基地、重点民生项目点等进行现场情景教学，都取得了很好的教育效果。因此，运用恰当的、新颖的教育方式，可以很好地激发党课的内在活力。

多讲"听得懂"的"大白话"。不久前，某大学一门名叫《深度中国》的思政课成为"爆款"。课程中，授课者在探讨脱贫攻坚时，动情分享"挂职"故事，用亲身经历寻求共鸣；在探讨农民工问题时，利用假期走访村庄，获取第一手资料……平易、亲切、真诚的课堂氛围和毫无学究气的"大白话"，受到不少学生追捧。这也为讲好党课提供了参考。授课者应当具备受众意识，善用亲身的经历、体验和内心的感受为素材，言之有物、言之有理、论之有据，辅以生动活泼、幽默诙谐的表述，才能激起更多心灵上的回响，才能让大家"听得懂""听得进"，达到"如饮醇醪，不觉自醉"的效果，并引发对现实问题及未来工作的深入思考。

多备"接地气"的"土教材"。不少追求上进、积极进取的年轻干部，对党课还是葆有一定期待的，渴望能"充到电""加到油"。然而，课程中那些过于"高大上"的理论，"放之四海而皆准"的经验，天马行空、泛泛而谈的自我"奋斗史"，往往"浇灭"了一些年轻干部的学习热情。笔者认为，要达到"授人以渔"的"圈粉"目的，讲党课还需"内容为王"，要多备些"接地气"的"土教材"、多讲些"看得到"的"身边事"。围绕党的理论、时事政策，针对年轻党员干部关心和困惑的话题，条理清晰、逻辑鲜明、语重心长，提出有针对性的、可供借鉴与参考的解决之道，让他们真正学有所获、学有所得，并能学以致用。

唤起党课的内在生命力、激发其时代活力，党课的筹备组织者和授课者，还需在形式和内容上下足功夫、不断创新。多用新形式、多讲"大白话"、多备"土教材",才能让党员干部们有所思、有所感、有所悟。

（《让"有意义"的党课更"有意思"》，人民
网，2018 年 7 月 30 日）

（三）必须坚持党员领导干部带头

开展党课教育，党员领导干部要发挥模范带头作用，既要带头讲好党课，又要带头认真听党课。中共中央办公厅印发《关于深化"四风"整治、巩固和拓展党的群众路线教育实践活动成果的指导意见》规定："党员领导干部要联系思想、工作和作风建设实际，每年至少为基层党员、干部讲一次党课。"经实践证明，党员领导干部以身作则，从自身做起，言传身教，发挥模范带头作用，是坚持完善党课制度、巩固教育效果的关键。

领导干部带头讲党课，既是中国共产党的一项光荣传统，也是我们党开展好党课教育的必经之路。领导干部带头讲党课是在"身教"基础上的"言教"。领导干部讲党课不仅仅是在教育广大党员同志，更是一种自我教育和自我完善。作为领导干部，要始终保持一种拼搏向上、勇往直前的精神，才能更好地带动整个党组织学习党课。领导干部要带头走上讲台，讲好党课，和党员同志面对面交流，才能使党课教育取得更好的效果。

（四）必须坚持教学相长、学学相长

要创新党课教育的形式，不能一味地"你讲我听"，而是要引导广大党员根据自身党课学习的心得体会，来互相交流讨论，对党课内容进行理解和思考，这是提高党课质量的有效途径，也是调动党员学习讨论主动性积极性的良好方法。围绕党课的主题和内容，党员同志们根据自己不同的理解，结合各自工作实践中的经验，互相讨论交流，使党员意见得以充分表达，达到教学相长、学学相长的效果。

教学相长是对党课教育提出的新要求。领导干部给广大党员上党课，首先要明确党课教育的重要性，上党课不是作报告，而是进行党的理论和党性修养的交流，所以领导干部不能以领导的身份自居，要把重点放在讲课上，只有讲课的内容足够精彩，才能吸引党员的注意力。因此，党课教育必须注意党员的课堂反应，在备课时要注意党课内容的选择，选择党员同志关注的重点内容，进行深入的调查研究，才能在课堂上引导党员认真学习，达到教学相长的目的。

学学相长就是要引导广大党员根据自身党课学习的心得体会，来互相交流讨论，对党课内容进行理解和思考，这是提高党课质量的有效途径，也是调动党员学习讨论主动性积极性的良好方法。围绕党课的主题和内容，党员同志们根据自己不同的理解，结合各自工作实践中的经验，互相讨论交流，使党员意见得以充分表达，达到教学相长、学学相长的效果。

〖课外延伸〗

讲党课要做到"四个坚持"

在"两学一做"学习教育中，党支部书记要讲好党课，就必须主动适应教育对象、社会环境、形势任务等方面的新变化，努力做到"四个坚持"，以增强党课活力，提高教育实效。

一要坚持正面教育，突出党性。党课姓"党"，党课教育必须突出党性原则。习近平总书记指出：党性说到底就是立场问题。所以，讲党课必须站在党和人民的立场上，在党言党、在党爱党、在党为党、在党护党。在党课讲台上，要旗帜鲜明地宣传马克思主义理论、中国特色社会主义理论、习近平总书记系列重要讲话精神；大张旗鼓地宣讲党的基本路线、基本纲领、方针政策；持续经常地带领广大党员重温党章党规、党员义务权利、党的光辉历史。党课的宣传口径一定要与党中央和上级党委保持一致，切不可将一些不成熟的观点、某个人的一家之言带上党课讲台，更不能传播所谓的"内部资料"和"小道消息"。

党课具有鲜明的政治性，应以正面教育为主。党支部书记讲党课，要特别注意把握正面引导的原则，坚持用马克思主义理论、中国特色社会主义理论武装党员干部头脑，以思想自觉引领行动自觉，正面教育和正确引导党员干部向党中央看齐，在思想上政治上行动上同党中央保持高度一致。坚持用优秀党员的先进事迹、道德模范的感人事迹激励党员干部积极向上、奋发有为，以高尚的精神力量催人奋进、弘扬正气，传递正能量。

二要坚持问题导向，结合实际。党课是开展党员思想教育的主阵地，是加强党员队伍思想建设的重要载体，具有鲜明的实践特征。党支部书记讲党课应注重从工作实践和现实生活中挖掘鲜活素材，树立问题意识、坚持问题导向。要积极主动回应党员干部思想上的疑难困惑，不掩盖矛盾、不回避问题；敢于直面党员干部关注的现实问题、热点问题，坚持用马克思主义基本原理、立场、观点分析问题、诠释问题，为真正解决问题扫除思想障碍。

理论联系实际是党课教育的基本要求，也是增强党课活力的关键所在。党支部书记讲党课要注意做到"四个结合"：一是把基本理论与典型事例相结合。讲党课不能从本本出发，照本宣科。要在典型人物和具体事例上做文章，把党的基本理论与发生在党员群众身边的典型事例结合起来，使抽象的理论具体化、形象化，富有启示意义和现实意义。二是把党的方针政策与现实情况相结合。在原原本本传达党的方针政策、决策部署的同时，要在结合现实情况上下功夫，把党的方针政策融入到本地区本行业本单位的工作实践中，增强党员干部贯彻党的方针政策的自觉性和坚定性。三是把思想教育与具体工作相结合。党课教育不仅要使党员干部"愿意听""愿意学"，更要"愿意行"。要使党员干部感觉到党课教育联系个人实际、结合具体工作，听了有效、学了管用。四是把言传与身教相结合。身教重于言教。党支部书记在党课上对普通党员干部的教育要求，自己必须以身作则、率先垂范。党支部书记要在遵守党章党规、做合格党员上作出表率，以实际行动引导党员干部把党课教育要求落实到日常言行中、体现在具体工作上。

三要坚持分类指导，按需施教。"心中无学生，势必无好课"，讲党课也是如此。党支部书记要讲好党课，首先要了解、掌握授课对象的具体情况，根据党员群体的行业特点、文化程度、年龄层次等方面的差别，选准、选好适当的主题，实行分类指导、分类教育。党课的内容范围很广，在党课选题上应避免"一刀切""一锅煮"等不当做法；要根据教育对象的具体情况，把准脉搏、对症下药，合理确定授课内容。

按需施教是教育教学的基本原则。党支部书记讲党课要充分考虑和尊重教学对象的实用心理和精神需求，坚持"缺什么、补什么""需要什么、传授什么"的原则，选取相对应的党课内容。如对入党积极分子和青年党员，可以党的基本知识为主题，回答入党的基本条件、如何履行党员义务、如何行使党员权利、怎样做合格党员等基本问题；对党龄较长的党员，可以安排重温党的光辉历史、弘扬党的优良作风、学习党的创新理论等讲座，开展党性、党风、党纪等方面的教育，使不同层次的党员都能从自身实际出发受到教育；针对党员领导干部网络舆论应对和与新闻媒体沟通能力不足的问题，可以以舆情危机处理为主题，以课代训，提高党员干部舆论引导能力。在"两学一做"学习教育中，要结合专题学习讨论情况，围绕学习党章党规和学习习近平总书记系列重要讲话精神，确定党课内容。通过讲党课，统一思想，提升党性，引导广大党员做合格党员。

四要坚持与时俱进，注重创新。教无定法，贵在创新。讲好新时期的党课要注重创新，真正改变方式方法单一、手段设备落伍、强调满堂灌输、缺乏互动交流等不合时宜的做法，切实增强党课教育的实效性。

党支部书记讲党课要创新方式方法，突破传统党课多采用"台上一人讲、台下众人听"的"独角戏"授课方式，更多地运用互动式教学，组织学员围绕主题分组讨论，或采用答问、辩论的方式相互交流意见，实现教学相长、学学相长；改变单一的课堂讲授教学模式，让学员走出教室，到红色教育基地、警示教育基地接受教育，到农村、社区、企业开展调查研究、参观访问等社会实践活动，用书本知识去认识社会问题、分析实际问题、解决疑难问题，做到知行合一、以知促行。

党支部书记讲党课要坚持与时俱进，重视运用PPT、多媒体等现代技术手段开展教学，以视频、音频、图片等形式，使党课内容能更直观地展现，激发学员的学习兴趣和求知欲望。根据工作忙闲、人员召集难易程度，推广"微党课""晒党课"，讲身边人、身边事、身边理，以小见大，寓理于事，达到"润物细无声"的教育效果。还要探索灵活运用实境课堂、网络课堂、手机微信等多种形式，强化互动交流，互帮互学、答疑释惑，营造出"时时可以受教育，处处能够听党课"的学习教育氛围。

（《讲党课要做到"四个坚持"》，人民网，2016年8月25日）

五、党课教育的一般方法

（一）严密制定党课计划

凡事预则立，不预则废，党课教育也是如此。党组织要按照上级党组织的要求和部署，并结合本支部党员的实际情况，来制定党课教育计划。在制定党课教育计划的过程中，要深入调查研究，紧跟时代发展潮流，广泛征求党员的意见，聆听党员的需求，围绕党的中心任务，严密制定党课教育计划，最后确定党课的时间、主题和内容。

（二）严谨准备教材教案

认真准备教材教案是上好一节党课的基础和保证。党课要想吸引党员的学习兴趣，提高党员的积极性和主动性，就要精心准备党课的教材教案。根据党课的主题，结合当前的形势政策和中心任务，并联系党员的思想实际状况，来确定党课的内容，要做到主题明确，观点鲜明，政治导向正确，同党中央的路线、方针、政策保持高度一致。

（三）严格组织实施上课

对于党课的授课对象，主要是本单位的全体党员和入党积极分子，所以要做到保证党课课堂的纪律性和严肃性，不能迟到早退，不能交头接耳。党组织负责人要布置好课堂，组织党员听课，同时维持好课堂纪律，防止形式主义的出现。

听党课的主要对象是本单位的全体党员和入党积极分子，也可根据党课的内容，有选择地吸收入党申请人参加，对没有申请入党，但是政治上、工作上和思想作风等方面都表现较好的同志，经过基层党组织同意，也可吸收他们听党课。

（四）严肃组织讨论发言

党课结束后，党员交流讨论是党课教育必不可少的一个环节。党员们根据自身党课学习的心得体会，来互相交流讨论，对党课内容进行理解和思考，这是提高党课质量的有效途径，也是调动党员学习讨论主动性积极性的良好方法。围绕党课的主题和内容，党员同志们根据自己不同的理解，结合各自工作实践中的经验，互相讨论交流，使党员意见得以充分表达。

〖课外延伸〗

云南砚山：建立党课学习"叫停"机制

党课学习是开展党内活动的基本要求，也是党员教育的基本方法。要使党课学习产生实实在在的效果，前期准备和党课课件质量至关重要，为进一步提高党课学习的实效性，云南省砚山县以开展"百名讲师上讲台、千堂党课下基层、万名党员进党校"工作为契机，探索建立党课学习"叫停"机制反响较好。

党课准备不充分的立即"叫停"。要求各基层党组织在开展"百名讲师上讲台、千堂党课下基层、万名党员进党校"教育培训工作中必须提前上报培训方案，对未上报培训方案和培训方案未经审核通过、参会党员人数达不到要求、课程设置不合理、会务准备不充分的，立即"叫停"重新完善后上报。

党课课件不"姓党"的立即"叫停"。要求党课授课老师准备的党课课件必须围绕党的基本理论、基本知识、路线方针政策为主题开展教育，党课必须姓"党"，要有"党味"，要坚持"党"字当头，针对党课不姓"党"、课件内容无"党味"、以其他业务安排代替党课的，立即"叫停"重选党课提纲。

党课课件质量不高的立即"叫停"。要求党课课件必须突出重点，提炼到位，条理清、逻辑顺，有案例分析，图文并茂，尽可能做到通俗易懂。针对题不对文、抓不住重点，内容杂乱、逻辑不清的课件，立即"叫停"回炉重造。

党课针对性不强的立即"叫停"。要求党课学习培训提纲必须坚持"缺什么补什么"的原则，紧扣党员群众需要什么知识、提高何种能力、解决什么问题来开展，避免"一刀切""一锅煮"。对应付了事、上下一般粗、针对性不强的党课课件，立即"叫停"重选培训内容。

自 2018 年全县开展"百名讲师上讲台、千堂党课下基层、万名党员进党校"教育培训工作以来，通过多维度层层严把党课方案，课件质量，全县各级党组织被"叫停"的党课课堂 30 余堂，被"叫停"重新"回炉"的党课课件 60 余个，大大提升了党课的实效性和针对性，在开展电话抽查和实地走访过程中党员普遍反响较好。如：

稼依镇大稼依社区大东门党支部书记杨泽燕说：现在普通党员参加培训的机会越来越多了，对党的基本理论、基本知识、路线方针政策有了更全面的认识；八嘎乡组织委员彭德豪说：现在的党课质量越来越高，审核越来越严，从制定方案，课程设置，课件质量要求都层层把关，针对性很强，党员学起来感觉不到枯燥，氛围浓效果好；江那镇书院社区第五党支部党员高文琴说，现在的党课学习，通俗易懂，有案例分析，有图片展示加以说明，甚至针对少数民族地区，还有用民族语言加以解释的，让老党员和少数民族党员都能听得懂，领会得了，真正达到了培训教育目的。

（《云南砚山：建立党课学习"叫停"机制》，共产党员网，2019 年 5 月 16 日）

六、党课的基本程序

遵守和把握好党课教育的基本程序，是上好党课的基础和关键。一般来说，党课教育流程包括课前准备、课堂组织和课后总结三个阶段。

（一）制定党课计划和实施办法

要根据《中国共产党章程》和相关的党规党纪规定，依照上级党组织的党课教育计划安排，并结合本支部的具体工作实际情况，来制定党课计划。同时为了确保党课的有效落实，还需要制定党课的实施方法。一方面可以根据上级党组织的安排，对党员进行集中的党课教育；另一方面也可以根据形势任务的需要，相对灵活地安排党员党课教育。

（二）课前准备

1. 确定党课教育主题

选准党课教育主题，是做好党课教育准备的首要工作，也是增强党课教育针对性和实效性的基础。

2. 认真备课

确定教学内容后，要根据党课主题选择合适的授课人，授课人既可以是支部成员，也可以请相关专业人士。

3. 提前通知

党课计划和具体安排确定后，组织者要把上党课的时间、地点、主题、主讲人等信息及相关要求提前 1—3 天通知全体党员，同时可根据实际情况吸收入党积极分子参加。

（三）课堂组织

1. 主持党课

党课负责人需要主持党课、统计党员的出席情况并做好考勤。在授课人讲课前，需要向党员同志介绍授课人的情况和党课的主题内容，同时对广大党员提出听课要求，并做好党课记录。

2. 组织授课

授课是党课教育的中心环节。一堂党课能否起到教育引导党员的作用，关键在于授课的效果。一堂成功的党课，除了要求授课人具备深厚的理论功底和良好的语言表达能力外，还需要创新党课教育的方式方法，调动党员的积极性和主动性，取得良好的效果。

3. 课堂总结

授课人讲完党课后，党课主持人需要对这节党课进行总结，并就课后学习对党员提出要求。这个总结不是对党课内容的简单复述，而是对本节党课的核心思想、主要观点的概括提炼。

（四）课后总结

课后总结是对党课教育效果的深化和思考。通过总结，可以深化对党课内容的认识和理解。课后总结需要做好以下工作。

1. 组织讨论

党组织负责人需要在课后组织党员进行交流讨论，让大家谈心得体会，将党课内容与实际工作相结合，要密切联系党员的思想实际状况，做好讨论记录，并将讨论情况向上级党组织汇报。

2. 总结经验与不足

党课结束后，党组织负责人要对党员的意见和建议进行归纳总结，分析党课内容、形式等方面的经验和不足，为今后提高党课教育质量提供参考。

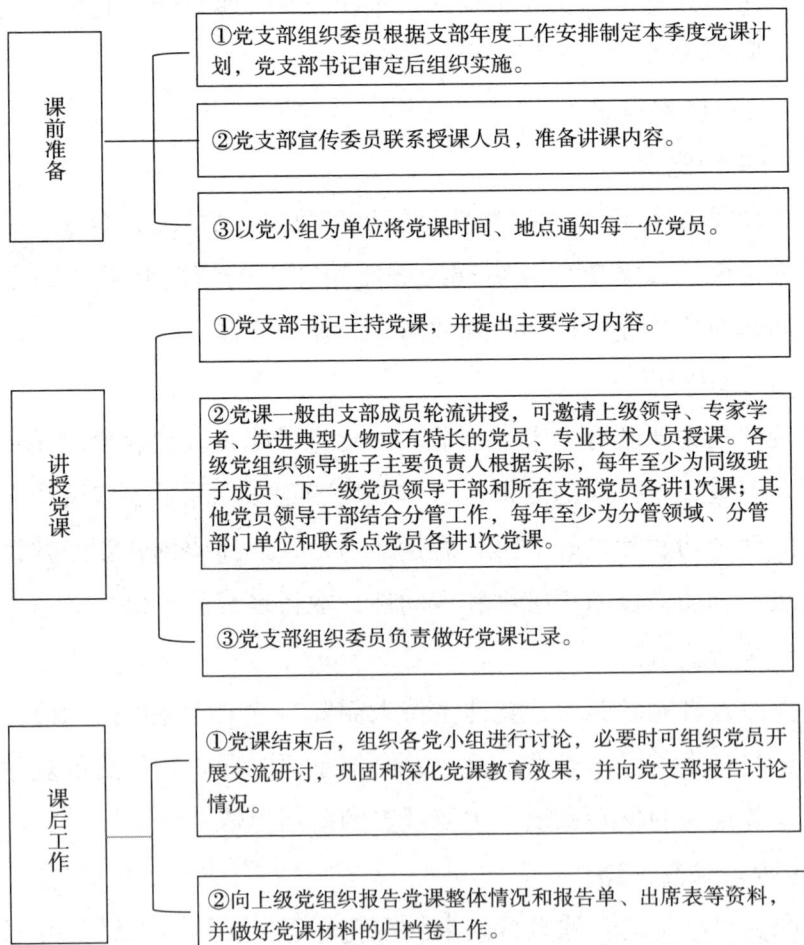

课前准备	①党支部组织委员根据支部年度工作安排制定本季度党课计划，党支部书记审定后组织实施。
	②党支部宣传委员联系授课人员，准备讲课内容。
	③以党小组为单位将党课时间、地点通知每一位党员。
讲授党课	①党支部书记主持党课，并提出主要学习内容。
	②党课一般由支部成员轮流讲授，可邀请上级领导、专家学者、先进典型人物或有特长的党员、专业技术人员授课。各级党组织领导班子主要负责人根据实际，每年至少为同级班子成员、下一级党员领导干部和所在支部党员各讲1次课；其他党员领导干部结合分管工作，每年至少为分管领域、分管部门单位和联系点党员各讲1次党课。
	③党支部组织委员负责做好党课记录。
课后工作	①党课结束后，组织各党小组进行讨论，必要时可组织党员开展交流研讨，巩固和深化党课教育效果，并向党支部报告讨论情况。
	②向上级党组织报告党课整体情况和报告单、出席表等资料，并做好党课材料的归档卷工作。

党课流程图

第六章 不断提高"三会一课"质量

一、新时代提高党的组织生活质量的基本经验

不断提高党的建设质量是新时代党的建设的重要要求，那么提高党的组织生活质量则是提高党的建设质量的题中之义。党的十八大以来，中国共产党不断提高组织生活质量，取得了众多成绩，形成了众多经验。具体表现为以下几个方面。

（一）要夯实全面从严治党主体责任

《中国共产党章程》规定："不允许有任何不参加党的组织生活、不接受党内外群众监督的特殊党员。"也就是说，不按规定开展组织生活的党组织就是涣散，不按规定召开组织生活会的支部书记就是失职，不按规定参加组织生活的党员就是不合格。全党同志都应提高思想认识，确保组织活动时间有保证，经费有保障，工作能落实。

一是强化第一责任。突出"关键少数"，以"关键少数"带"最大多数"。党支部书记、党支部委员是支部组织生活的组织者、推动者，在整个组织生活开展之中具有重要的引领作用。因此，要坚持抓"关键少数"，加强对支部书记的考核管理，积极推动支部组织生活开展。切实加强党组织书记思想政治建设，充分利用党校培训、党建会议、民主生活会等多种形式，反复解读和灌输抓好基层党建的重要

意义，深刻领会新时代全面从严治党要求，让党组织书记主动担起抓党建的政治责任，自觉把抓好党建作为一切政绩之本和推动全局工作的首要保障，始终把党建工作放在心上、攒在手上、落实在行动上。切实压紧压实大抓基层党建的主体责任，形成党组织书记负总责，班子成员分工负责，齐抓共管的管党治党责任体系，并制定任务清单，分解落实，让班子成员人人肩上有工作责任，个个手上有党建项目。切实强化党组织书记履职尽责，坚持"书记抓、抓书记"，推行党建工作清单制，实行党组织书记公开承诺，促使党组织书记自觉把党建工作与经济社会发展同谋划、同部署、同推进，做到既挂帅又出征，发挥以上率下的带动作用。

二是强化直接责任。各级党组织承担好抓组织生活的直接责任，齐抓共管、层层落实。可通过健全基层党建工作直接联系点等方式强化责任延伸，增强工作合力。各级党委要强化对党支部的领导与管理，可以通过配备专职副书记、党务干部、第一书记、蹲点联系等手段强化之间联系。

三是强化评议述职。实行书记抓党建工作述职评议和党组织负责人述职评议制度。

（二）**要选配好党组织领导班子，加大党支部书记、委员培训力度。**

党支部书记、委员在整个支部建设、支部组织生活开展之中具有重要的领导作用。因此，选优配强一个党组织领导班子则具有十分现实的意义。同时，专职党务干部证明在以往机关党建之中具有重要的作用，也要进一步加强是专职干部在整个基层党建中的作用。

一是配备好专职党务干部。试点推进"公推直选"，把政治强、素质高、作风正、品行好的人才选进来。探索党务干部培养模式，挑选部门领导班子成员的后备干部或有培养前途的中青年业务骨干到专职书记（副书记）岗位培养锻炼。农村街道社区党支部探索建立专职党务干部，进行脱产管理、脱产工作。比如，德州市陵城区规范机关党建机构设置，配强专职党务干部，明确干部任职资格条件，注重从党性强、品行好、作风正，熟悉本部门业务的干部中产生党务干部，镇街党建办副主任、区直部门党建办主任，从年龄在40周岁以下，中共党员，大专及以上学历干部中产生；专职党务干部，将年龄限定在35周岁以下，重点从近10年来新考录的大学毕业生中产生。严格党务干部选任流程，专职党务干部任职实行"一推一选"，各单位以不低于1∶2的比例推出具体人选，区委组织部严格审核干部年龄、工龄、党龄、学历、经历、身份等档案信息，综合近年来全员谈话、一线考察、年度考核情况，筛选出岗位相适的党务干部，新任命党务干部1年内不得调整工作岗位。

二是加强对党务工作者的培训。定期举办党务干部专题培训班，使其全面掌握党务工作基本知识、基本政策和基本方法。坚持问题导向，分点收集培训需求。针对部分新任党务干部业务不熟的问题，以党建业务问题为培训要点，通过多种途径收集基层党务干部的培训需求。首先，注重在平时党务工作中掌握培训需求。在基层党务干部到组织部门办理党建业务、报送材料时，掌握基层党务干部不熟悉的业务问题、容易出差错的环节，以此来确定培训需求。其次，注重在党建考核中发现培训需求。利用党建工作年终考核和平时督查的时机，发现基层党建工作存在的普遍性问题。同时注重在专题调研中识别培训需求。开展党建业务培训需求专题调研，广泛征集基层党务干部的意见建议。最后，对培训需求进行分类，整理为发展党员、收缴党费、党内统计、党务公开等类别，为组织培训提供参考依据。坚持因岗制宜，分类确定培训内容。实行因岗制宜，根据不同的岗位要求和职责，分类确定培训对象，设置不同的培训课程，为党工委副书记、组织委员、组织干事、党支部书记等基层党务干部开展量身定制的业务培训。其一，党务领导干部层。把各党工委副书记、组织委员纳入培训范围，帮助其全面掌握基层组织建设和党员队伍建设方面的业务，破除党务领导干部不懂党务的现象。其二，党务干事层。加强对各党工委组织干事在党费收缴、发展党员材料审核、党内统计、党组织关系转接等核心业务方面的培训，要求其全面精通党建业务。其三，党支部书记层。分批次轮训各党支部书记，确保其熟悉党员发展程序和材料收集准备、"三会一课"制度、党务公开、活动场所规范化建设等党务工作。

坚持主体负责，分级组织培训活动。在确定培训需求要点的基础上，按照分类负责的原则，分级分批分期组织培训。首先，实行结对帮带制度。由组织部门与乡镇党委组织干事、归口党工委与下属党支部的组织干事进行结对，做好培训期间的结对帮扶，开展线下常态化的业务指导，抓好对新任党务干部的"传帮带"。其次，丰富培训形式。通过理论指导、案例教学、现场示范、小组模拟等形式加强党建业务培训，并建立 QQ 群，加强对党建业务的线上实时沟通交流。最后，加强培训考核。严格对学员的培训考核，组织专项闭卷考试，实现以考促学。

（三）要创新组织生活形式

党的十九大报告提出，坚持"三会一课"制度，推进党的基层组织设置和活动方式创新，加强基层党组织带头人队伍建设，扩大基层党组织覆盖面，着力解决一些基层党组织弱化、虚化、边缘化问题。作为基层党组织党内生活的重要载体，要严格按照党章党规的要求，着力推动组织生活正常化、规范化、制度化。在此基础上，结合不同基层党组织的特点，创新活动方式，丰富活动内容，切实做到贴近实际、与时俱进，使基层组织生活成为凝聚党心、改进作风、联系群众、促进发展的重要方式。

首先，以突出党性为前提，着力营造浓厚氛围。党组织生活是一项严肃的党内生活，也是党员进行党性锻炼的重要渠道，政治性、纪律性强。增强组织生活活力，务必要突出党性观念，严格纪律要求。一是活动场所有"党味"。召开支部会议、组织生活会，开展民主评议党员等基层党组织生活应有固定的场所，布局要庄重、严肃，外观标识、室内党旗、党徽等要规范摆设，"三会一课"制度、党员的权利和义务等相关内容要统一印制上墙，营造良好的党内生活氛围，着力将其打造成为党员进行党性锤炼的熔炉和阵地。二是组织生活不庸俗化、娱乐化。党组织生活是党员的一项重要政治活动，要将其与其他文体活动、学术研讨等活动区分开来。例如，党员在入党宣誓等正式活动时要佩戴党徽，要严格遵守党的纪律和规定。在讲党课的时候要坚持党课姓"党"的原则，授课人必须政治素质过硬，有较强的政治理论水平，授课的内容、发表的观点和言论要遵循党的宗旨，务必要和党中央保持高度一致。三是推动党组织生活制度化、常态化。要按照全面推进从严治党的要求，从严将党组织生活正常化、常态化落到基层、落到实处，使严肃的党内生活由"软任务"变成"硬约束"。要切实加强督促指导，定期开展专项检查，让组织生活成为基层党组织和党员的一种自觉、一种常态。

其次，以提升素质为根本，充分调动党员积极性。党员是组织生活的主体。增强组织生活活力，要充分调动广大党员的积极性，让全体党员都动起来、活起来，共同参与，促进党员素质的相互提升。一是活动内容适合基层党员的需求。结合不同领域基层党组织的实际，深入基层接地气，活用本土资源，活动内容平易近人，符合党员的意愿，切实增强组织生活的吸引力和感染力。例如，村级党组织通过广泛开展家庭美德、邻里守望等方面的教育和活动，培育党员高尚的道德情操；机关党组织通过举办"道德讲坛""党员示范岗"等活动，以身边人学身边事，发挥党员先锋模范作用，推动机关作风建设；"两新"党组织通过开展"专业技能比武"活动，促进党员职工自身能力的提升；学校党组织通过围绕"为人师表、教书育人"这个核心开展党组织生活，切实增强党员教师职工的责任感和事业心。二是活动形式创新思路，与时俱进。创新组织生活的方式，增强"三会一课"的实效性，从而进一步提升组织生活活力。例如，在开展党课教育时，通过 PPT 演示、观看微视频党课等方式，图文并茂，激发党员兴趣，增强学习效果。结合新时期党员的特点，将部分组织生活搬出传统的会议室。例如，组织党员到红色教育基地开展学习教育，重温党的光荣历史；结合农村党员实际，在文化广场、榕树头等地讲党课；根据渔民的生产生活习惯，在渔船上建立流动党支部，引导党员依法从事渔业生产经营活动，积极维护国家海洋主权；等等。三是活动主体"互动式"参与。只有党员的共同参与，组织生活才有活力，党员的综合素质，尤其是党性修养才能得到全面提升。因此，在开展组织生活会的时候，围绕党在不同时期的路线方针政策，引导基层党员结合工作实际，积极参与互动交流，畅谈心得体会，发表个人见解，积极建言献策，尤其是借助微信、微博、网络直播等新媒体，"线上线下"同步推进，全方位传播党的声音，传递"正能量"，全面提升党员认知能力和整体素质。

再次，以服务大局为核心，扎实推进中心工作。严肃党内政治生活，增强组织生活活力，最终目的要落实到推进党的伟大事业中去。具体来说，就是要以"服务大局，推进中心工作"作为所有组织生活的出发点和落脚点。一是深入基层，服务群众。结合驻点联系群众等活动，定期接待走访群众，听取群众意见，帮助基层和群众解决实际困难。例如，组织驻点党员干部在农忙时节深入田间地头开展义务劳动，在收获季节帮助农民解决农产品"滞销"等难题，切实增进群众感情；组建"三官一师"（警官、检察官、法官、律师）党员义工服务队深入基层宣传法律知识，为群众提供法律咨询服务，引导村民通过法律手段维护合法权益，着力维护社会和谐稳定。二是围绕中心，助推发展。推动经济社会健康平稳发展，是各级党委的核心要务，也是检验党建工作成果的重要标志。增强组织生活活力，必须围绕这一核心，致力于将组织生活活力转化为推动发展的强大动力。三是补齐"短板"，提升党建水平。增强组织生活活力是一项系统性的工程，补齐基层党建工作短板，这是各级党组织的"主业"。要持续深入整顿软弱涣散党组织，通过"流动党校"方式，组建以党员骨干为核心的"乡土教员"队伍，推动党员领导干部深入农村基层讲党课。通过"机关—农村（社区）""机关—'两新'组织""'两新'组织—农村（社区）"结对帮扶的方式，加强与不同领域基层党组织和党员之间的学习交流，相互促进、共同提高，全面提升基层党建水平。

最后，夯实基础，切实提高保障水平。严肃党内政治生活，增强组织生活活力，要强化有效保障措施，确保基层党组织生活正常化、规范化、制度化。一是强化党员队伍建设。党员作为组织生活的主导者和参与者，是增强组织生活活力的源头和活水。因此，要坚持德才兼备的原则，选好管好用好基层党组织带头人。严格把好发展党员"入口关"，注重从产业工人、青年农民、高知识群体和在非公有制经济组织、社会组织中涌现出来的优秀人才等吸收入党；畅通党员"出口关"，严格按规定程序处置不合格党员，使基层党组织永葆生机和活力。二是强化活动经费保障。要进一步完善农村（社区）干部工作报酬保障制度，提高基层干部的工作积极性。全面落实农村基层党建工作经费专项计划，同时探索推行将党建工作经费保障制度的落实延伸到机关、学校、"两新"等基层党组织，实现各级财政对各类基层党组织的党建工作和党员活动专项经费保障"全覆盖"。三是强化活动阵地建设。整合村级公共服务资源，深化、巩固和提升村级办公活动场所改造升级水平，全面推进村（社区）公共服务平台规范化建设，充分发挥其综合服务功能，优化村级党组织的活动阵地。进一步落实责任，加大投入、整合资源，切实加强机关、企事业单位、行业协会等基层党组织的党员活动阵地建设。以建设群组化、枢纽型"两新"党组织为抓手，健全组织生活阵地功能，实现资源共享，切实增强组织生活活力。

（四）要着眼顶层设计，加强对基层组织生活工作的考核管理

改进和完善基层党组织组织生活考核工作，积极构建基层党建工作成效评价新体系，对增强各级党组织抓党建工作的责任意识，转变基层干部的工作作风，促进基层党建工作的规范化、制度化，提升基层党组织的凝聚力和战斗力，促进区域经济的发展和社会全面进步具有重要意义。改进和完善基层党建考核的侧重点包括以下几个方面。

1. 注重考核内容的导向性

实行基层组织生活考核制度，目的是通过调度基层党组织活动的开展情况，激发基层党组织干事创业和为民服务的积极性、主动性和创造性。而在实际考核工作中，往往出现重软件资料、轻工作实绩，重年终考核、轻动态考核，重考核、轻使用等问题，从而削减了基层党建考评对各项工作的促进作用，弱化了党建工作考评的目标激励、责任激励、效果激励的导向作用。

2. 增强考核形式的创新性

当前，党建工作责任制考核多是采用听取汇报、查看资料、组织考评、群众座谈等考核方法，不免存在随意性影响的问题。凭印象打分往往具有主体臆断的色彩，影响了测评的公正性。群众座谈实效不明显，许多座谈对象由于利益及利害关系所致，不愿、不敢、不能吐露真实情况，导致了考评计分的模糊化。

3. 扩大考核结果的适用性

党建工作考核评价运用机制尚不完善，党建工作考核结果合理使用缺乏与之配套的相关制度条件，往往导致为考核而考核的现象，形成考核与考核结果运用"两张皮"，同时，在实行奖惩时，对实际奖惩措施缺乏统一的尺度，难免出现搞平衡兼顾的现象，使考核结果的运用缺乏针对性。

二、通过创新丰富"三会一课"内容

健全并执行"三会一课"制度，是加强党的思想作风建设，有效实施党内监督，改进作风，增强团结，保证党的路线、方针、政策和决议有效贯彻、执行的重要途径。因此，要不断创新丰富"三会一课"内容，主要可以从以下几方面着手。

（1）健全机制，促进"三会一课"活动规范化。严格遵守"三会一课"会期制度，遵守支部党员大会每季度召开1次、支部委员会每月至少召开1次、党小组会每月召开1—2次、党员上党课每年至少4次以上的基本规定。同时，建立健全"三会一课"考勤、请销假、定期测验等一系列相关制度，对无故不参加"三会一课"的党员进行及时批评教育，强化党员自觉意识。要变"精神层面"为"服务行动"。

（2）创新"三会一课"学习方式，要把课堂延伸到基层，变精神层面的学习为党员干部的实际服务行动，实现学用结合。通过党员联系服务群众实践活动，组建党员志愿者服务队，通过进行民情走访、参加义工劳动、志愿服务等活动将学习成果转化为服务实效，增强党员、干部的服务意识和奉献意识。

（3）创新授课方式，改变一贯"照本宣科"，利用微党课，每位党员干部都成为"讲师"。让党员干部结合自身岗位实际，选择有关课题，述阅历、谈体会、说经验、讲做法，在备课中厘清学习思路，在主讲中升华理论高度。要创新载体，丰富"三会一课"活动形式。探索基层乡镇党委把主题党日作为"三会一课"的基本载体，组织有一定条件的党员与困难党员、贫困群众结成帮扶对子，定期开展帮扶和服务活动，密切党群关系。针对一些支部年老体弱党员不能正常参加"三会一课"的实际，由党小组负责送学上门。及时传递学习要求，确保"三会一课"有内容、有实效。

（4）创新党员学习载体。通过利用微信、QQ等现代化信息网络手段以及各支部自己建立的学习平台，用新颖的学习方式吸引党员，提升学习兴趣和学习效果。强化责任，确保"三会一课"活动见成效。针对抓好"三会一课"制度落实，将党支部书记作为落实"三会一课"制度第一责任人。建立完善督导、检查机制，要定期对各基层党组织进行常规检查，对"三会一课"制度执行不规范、活动质量不高的党支部，下发"限期整改通知单"，指出存在问题，责令限期整改，对未完成整改的党支部在一定范围内进行通报。注重"三会一课"的活动与实际工作相互融合。强化党员意识，擦亮党员身份，引导党员在各自的工作中发挥先锋模范作用，充分发挥"三会一课"的实效。

（5）理顺组织关系，强化党性修养。落实"三会一课"制度，严格按要求落实党内生活制度，组织政治理论学习，强化党员党性修养，鼓励引导党员发挥模范作用，为当地经济发展献计献策，党员党性意识不断加强。

［案例分析］

用互联网和信息化手段提高基层党建质量

习近平总书记高度重视互联网发展，提出了"善于运用网络了解民意、开展工作，是新形势下领导干部做好工作的基本功"等要求。党的十九大提出，全党要善于运用互联网技术和信息化手段开展工作。天津市委高度重视党建信息化工作。市第十一次党代会提出，积极探索互联网时代加强党建工作新途径，打造"智慧党建"。在市委的领导下，以组织部为主体，通过多方努力，以"天津党建"数字化平台为基础，形成了以天津市党的基层组织建设信息系统为核心，上接中组部党员管理信息库，下连基层党建线上线下载体的信息化整体架构，成为助推"两学一做"学习教育常态化制度化，助力全面从严治党向纵深发展，提高基层党组织建设质量和执政功能的有效抓手。

开发业务系统，实现基层党建工作线上化

根据天津市委加强基层党建的要求和党的组织业务需要，通过规划、整合、创新，开发了包括党支部工作手册、发展党员、党员档案等功能的天津市党的基层党组织建设信息系统，形成了全市组织部门上下贯通党建业务工作流和抓基层党建工作的综合信息化平台，并一定程度上实现了基层党建情况实时汇总分析、可视化呈现和数字化考核。

党支部工作手册模块，是将原来的纸质手册数字化、线上化。通过登录可以直接线上记录支部情况、党员情况、"三会一课"、集体学习、组织生活会、主题实践、情况汇总等内容。需要时，可以直接打印成册。不仅可以实现对基层党组织的全面、即时、线上管理督查，还解决了重复填报的问题。

发展党员工作模块，是按照发展党员的五个阶段、二十五个步骤、四十三张表格，以及发展党员的时间限定和审批权限开发而成的集工作、查询、提醒功能于一体的系统。不仅直观形象，使用便捷，而且严格严谨，环环相扣，既能使发展党员工作顺利合规进行，又能够起到教育约束监督作用。

党员档案模块，是党的基层党组织建设信息系统中最早开发的将党员党内生活记录数字化、线上化、实时化的系统。它依据组织架构，以简单明了的组织的方式，将各级党组织统一纳入，目前已经覆

盖了全市 **89%** 的党员（特殊领域除外）。这一系统可以记录、查询、汇总、分析、展示全市党员的基本情况和党组织、"三会一课"、共驻共建、主题党日等情况，可以形成党员党内政治生活历史档案，党组织发展变化历史档案。同时，党员档案和党支部手册共用数据库，可以实现一次录入管全部，一个系统抓党建。

此外，这个信息系统还通过统一的数据接口，对使用党建 **APP** 和微信公众号、远程教育、手机党报等其他信息化手段的党员群体数据进行汇总。通过基层党组织书记这个"关键节点"和党员档案终端一体机，对部分农村党员和社区老党员等不能使用智能终端的群体的信息和党内组织生活情况进行线上录入。

坚持"大党建"，引领基层治理共建共享

着眼于服务全市党的工作，全面推进党的各项建设，发挥整体效应，天津在已有党建信息化基础上，摒弃分散、重复、低水平，依托全国党建网站联盟用协同发展方式整合全市各级党组织的党建网站、党建 **APP**、党建微信公众号、远程教育，引入便民服务项目，建设起纵向涵盖市、区、街（镇）、社区（村）各级党组织，横向覆盖基层党建工作各业务领域，集党务、政务、服务于一体，包括门户网站和移动端的"天津党建"数字化平台，成为党在互联网世界的坚强执政阵地。

其中，利用党建 **APP** 提供的"有话对组织讲""群众微心愿"、党务村务政务公开功能和各区根据自身服务群众重点工作开发的特色功能，结合共驻共建、智慧社区建设，能够打破传统"限时、限地、限人"束缚，帮助基层党组织上下衔接、左右联动。一方面，党员群众可以快捷地发布看到的问题、遇到的困难，向党组织反映情况，通过党组织参与社区治理和志愿活动；另一方面，党组织可以及时准确掌握基层社情民意，力求做到群众在哪里、困难在哪里，党的工作和党员服务就到哪里。

在深入调研的基础上，天津市委组织部已经形成推进基层党建信息化的部署计划。目前正在积极推进天津市党的基层组织建设信息体系的升级改版；加强资源基地和内容建设；帮助基层党组织围绕自身工作，开发有特色的、党员群众爱用的应用。计划还将提高智能分析，把握全市党建整体状况和辅助决策作为推广完善的最高目标，力求以"线上"数据推动"线下"工作，做到信息、记录、服务、引导精准化，进而有效提升党建的影响力、穿透力和党组织的组织力、领导力。

（《用互联网和信息化手段提高基层党建质量》，《天津日报》2018 年 1 月 8 日）

三、通过信息化手段提高"三会一课"质量

在互联网越发便捷的时代，党员的教育不能只停留在固定的时间和固定的地点进行集中学习或讨论交流。因此，创新了"三会一课"学习教育的载体，通过组建党员学习交流 QQ 群、微信群改变"三会一课"固有的传统学习教育模式，利用网络进行线上线下集中讨论、自主学习，让党员不受时间、不受空间的限制，随时随地都能接受党的教育，感受到党组织的关怀。因此，充分用好各种有形、有效载体，为推动党员真学实做、知行合一搭建实践平台，促进党员将党的先进性和纯洁性内化于心、外化于行。具体来说，应从以下几个方面破题。

一是开展党员线上学习。将学习内容制作成 3 分半钟的微视频、微动漫、微语音或者浓缩成几十个字的关键词、微文字，上传到智慧党建系统"支部学习"版块，党员通过电脑、iPad、手机 APP，自主参加网上学习，实时记录、动态查询、定时考试、累计学分，尤其

对于流动党员用时短、易接受，有效解决了学习与生产生活的冲突，保证了学习效果。

二是实施党员动态管理。把"三会一课"等组织生活放到网上进行，党员不论在什么时间、什么地点，只要是有网络的地方，就可以通过网上会议室参加"三会一课"，打破了传统组织生活"限时、限地、限人"的局限，上级党组织通过"键对键""面对面"的方式，对基层支部活动进行实时检查指导，提高了基层组织生活自觉性和实效性。建立党组织和党员电子档案，实现信息查询、统计分析、监控预警、关系接转、流动党员管理等功能，为党员动态高效管理插上信息化翅膀。

三是树立正确舆论导向。依托网站、QQ、微博、微信，形成一个共享互通的信息网络，链接、辐射党员和群众的信息终端，及时传递党的声音，讲述好人好事，发起慈善公益等活动，抵制违法违规信息传播，传播正能量，树立正面形象。

［案例分析］

依托远教直播平台　提升"三会一课"质量

党的十九大报告提出，全党要善于运用互联网技术和信息化手段开展工作。根据这一重要部署，武鸣区依托原有农村党员干部远教设备和系统功能，基于现代互联网"云技术"，打造覆盖全城区 13 个镇 219 个村（社区）站点且具备影音直播、双向互动等功能的"远教云课"直播平台，并将平台的使用与推动村级党组织落实"三会一课"制度深度融合，筑牢线上线下两大活动阵地，不断推动新时代党员教育管理手段创新发展。

深入查摆问题　确保党建工作"不掉链"

武鸣区有 13 个镇 219 个村（社区），共有农村党组织 806 个，农村党员 12663 名。由于城区村点分散，农村党员数量多、老龄化，总体文化水平偏低，村级党组织在落实"三会一课"制度过程中，存在活动开展召集难、形式缺乏创新、内容浮于表面等问题，这些问题主要体现在以下几个方面：一是"想干好"与"干不好"有落差。党的十九大以来，党要管党、从严治党思想深入人心，村级党组织对落实"三会一课"的态度正从"不愿干"向"好好干"的方向转变。但有些村党组织书记和党务人员的政治理论水平和党建工作能力不够，导致党课讲不上来，会议论不起来，党员坐不下来、听不进去，党课效果一般。二是"重指派"与"轻指导"存落差。村级党组织普遍反映，上级（镇党委）对"三会一课"工作的督查偏重于要求"干什么"，而具体"怎么干"，则指导不够细致到位，导致部分村组织活动较随意，台账不规整。三是"集体学"与"集中难"有纠结。部分行政村党组织覆盖地域范围广大，党员居住分散、流动性大、参会往返交通非常不便，很难召集党员集中开会，加上会务成本高、耗时多，很大程度上降低了基层党员的工作效率。基于上述问题，村级党组织迫切希望借助互联网优势和现代信息技术，打造一个有力有效、方便快捷的新载体、新途径，推动"三会一课"制度有效落实，实现基层党建开展常态化、规范化和优质化。

聚焦短板发力　解决突出问题"不含糊"

制定"两课"适配流程，解决活动"不经常"问题。研究制定"远教云课"直播平台与"三会一课"适配程序流程，要求各镇党委每月至少用"远教云课"系统组织全镇农村党员在村部远教活动室上 1 次党课，并将"三会"与"党课"协同开展。课前 3 天，各村择机召开村（社区）党委（总支、支部）会，研究听课或其他党建事宜，确定村（社区）党员大会召开时间、内容、议题等，做好会议记录和会议通知发布。课中，组织党员收看"远教云课"党课直播，做好图片及文字记录，同时利用"远教云课"线上管理后台实时摄录"三会一课"开展情况留档备查。课后，由各村级党小组就地召集本组党员开会，学精神、谈心得、论体会，传达或商议其他党建事宜并做好党小组会议记录。通过信息技术、硬件手段将 219 个村（社区）的党支部党员大会、支部委员会、党小组会议及党课与"远教云课"牢牢捆绑在一起，实现"三会规范开、党课月月上"的目标。

开启"线上党课"新模式，解决党课"不好上"问题。依托"远教云课"直播平台，充分整合各类师资，在党校、机关单位、各镇及企业选配了 108 名专家导师及乡土人才组建"云课讲师"教学资源库。各镇党委每月根据农村党员学习需求，按需选择 1—2 名"云课讲师"统一时间、统一内容通过"远教云课"直播平台为全镇农村党员集中授课。课题内容涵盖党建、法律、政策、技能培训等方面。在开展党的十九大精神、"两学一做"、党员干部廉政警示片学习的同时，把大棚种植、农作物栽种、牛羊繁殖等实用型技术作为重要学习内容，通过图文并茂、音视频同步传输的方式，在线上为农村党员授课，有效提高"三会一课"质量，提升农村党员致富能力。目前，武鸣区依托"远教云课"直播平台推出"月月党课""书记万人党课"活动，共计开展党课 120 多场次，教育培训党员近 10 万人次。

架设"云端会场"新阵地，解决党员"难集中"问题。借助"远教云课"直播平台，建成"城区—镇—村（社区）"双向高清视频"云端会议"系统。通过该系统，全城区 13 个镇 219 个村（社区）的党组织可以随时召开双向互动的音视频党会、党课，既减少了镇、村党员来回开会的奔波，也减少了交通安全隐患和各项会议经费。2019 年 1—10 月，城区、各镇利用"远教云课"直播平台召开脱贫攻坚、生态环保、党建工作等一系列会议共计 180 余场次。12600 多名农村党员足不出村、身不出镇按时参会，在外务工的流动党员也纷纷通过"远教云课"视频会议系统手机终端参会交流，节约会务成本 60 万余元。

开辟"云端问效"新途径，解决督导"不到位"问题。针对村级"三会一课"督导"泛泛提要求多，具体指导措施少；看材料的多，检阅实绩的少；检查走过场的多，解决实际问题的少"等"三多三少"问题，在加强实地"两随机"督导调研的基础上，通过"远教云课"直播平台，采取实时视频回传方式，指导各镇党委随机抽检或远程同步指导各村（社区）党组织开展"三会一课""党员活动日"等，及时就村屯党建、党员教育、材料归档等问题进行沟通交流。"云端问效"推行以来，检查指导各村党支部"三会一课"350 多次。针对检查中发现的"三会一课"记录不全、内容过简、错漏较多等问题，采取"一镇一村"方式，分别建立 13 个镇级"三会一课"样板示范村点，并组织各村党组织参照落实，有效推动"三会一课"正常化、规范化开展。

坚持高标准严要求，解决活动"不规范"问题。一是打造优质管理队伍。各站点配备专门管理人员 1 名，至少保障 2 名以上人员能够熟悉使用"远教云课"直播平台设备，为按时高效开展"三会一课"提供有力技术保障。二是规范直播平台使用。制定实施《南宁市武鸣区党员干部"远教云课"直播平台管理暂行办法》《南宁市武鸣区"远教云课"直播平台与"三会一课"适配程序流程》等文件，规范运用"远教云课"直播平台，推动"三会一课"制度有效落实。三是实行"三级签阅"制。制定实施《南宁市武鸣区落实"三会一课"三级签阅制度》。每月底由村级党组织、镇党委、城区党委组织部逐级审阅选送的村党支部（党小组）"三会一课"记录，并"签名"提出完善意见，然后返还给各村党支部（党小组）对照整改完善。四是保持长效监督。把"三会一课"制度落实情况纳入"远教云课"监督管理系统，要求各镇党委每月结合本镇"党员活动日"安排，统筹本镇、村（社区）使用"远教云课"直播平台上 1 次以上党课。对不按要求开展"三会一课"、组织不到位的村级党组织责令即时整顿、限时整改，确保"三会一课"落到实处。

注重总结升级　坚持探索实践"不停步"

激发活力，学习成效持续提升。在运用"远教云课"直播平台提升"三会一课"制度落实质量的探索实践中，党员经常性教育成效显现。调研数据反馈，认为运用"远教云课"直播平台落实"三会一课"比以前"效果好"或"更有效果"的党员占 83.85%。不少农村党员学习后，党员意识、政治理论、知识技能持续增强，通过发展沃柑、百香果、肉牛、墨羊、桑蚕等特色产业脱贫致富。两江镇汉安村困难党员韦高通过发展桑蚕产业成功脱贫，并带动 16 户贫困户一同养蚕致富。

扩面融通，参与意愿持续增强。将"三会一课"活动与"远教云课"直播平台结合起来开展，改变以往刻板的活动模式，线上线下适配推进，有效激发了广大农村党员的学习热情，进一步增强了党员就近就地参与经常性教育的主动性和积极性，更加积极地参加党内组织生活。

落细抓常，活动开展持续规范。将"远教云课"直播平台与"三会一课"适配运用，通过精选"云课讲师"、开讲"线上党课"、设立"云端会场"、实施"云端问效"等方式，有效保证村级党组织"三会一课"活动常态化、规范化开展。全城区 13 个镇 219 个村（社区）党组织的"三会一课"制度落实、"党员主题活动日"活动质量得到明显提升，涌现出自治区五星级党组织 17 个、四星级党组织 27 个、三星级党组织 35 个。

管理是关键，使用是核心，提质是目的。武鸣区运用"远教云课"直播平台提升村级党组织"三会一课"质量，是一项新的探索和尝试。其成功启示在于强化责任打好基础、狠抓落实长效监督、着力提升系统运用这三个关键环节，充分发挥直播平台优势，推动"三会一课"有效长效落实。

（《依托远教直播平台　提升"三会一课"质量》），中国共产党新闻网，2019 年 8 月 22 日）

四、通过专题组织生活会提高"三会一课"质量

专题组织生活会是推动全面从严治党向纵深发展、落实到支部、增强支部建设质量的重要手段，同时也是提高"三会一课"质量的重要手段。因此，要开好专题组织生活会。

聚焦主题科学化。专题组织生活会的良好开展要在内容上贴近群众，每次会前通过发布公告、走访座谈等形式，告知党员、群众会议的主题内容，广泛征求党员、群众的意见建议，弄清楚党员、群众想什么、盼什么、缺什么，使会议主题紧贴工作实际、紧跟群众期盼。在方式上灵活多样，采取集中教育与讨论交流、"请进来"与"走出去"、理论教育与现场观摩相结合，邀请专家讲党课、观看电教片、参观实践基地、学习先进典型等方式，运用"院坝会""地头会"等，把会议搬到党员身边，增强党内生活的吸引力和号召力。

强化基本素质，着力解决"不会"的问题。一是加大培训力度。重点抓好党支部书记素质提升，通过举办培训班等形式，加强对《党章》《纲要》《细则》等内容学习，提升党务工作人员落实专题组织生活会制度能力。二是组织观摩点评。综合考虑支部书记的能力特征、支部工作特点等实际，选取基础较好、条件成熟的支部，开展现场观摩，提高开会质量。

规范会议流程，着力解决"不实"的问题。一是规范会议执行。

由支部书记提前向支委会成员预告会议主题和研究事项等情况，支委会前充分酝酿，会上逐人发表意见，形成统一意见或决议，为专题组织生活会开展做好前期准备。二是做好流程控制，引导党员联系思想实际，认真检查自己的工作、学习情况，检查执行党的路线、方针、政策及支部决议的情况，检查发挥党员先锋模范作用的情况。注意不要把组织生活会开成不联系思想实际而泛泛谈工作的"工作汇报会"。

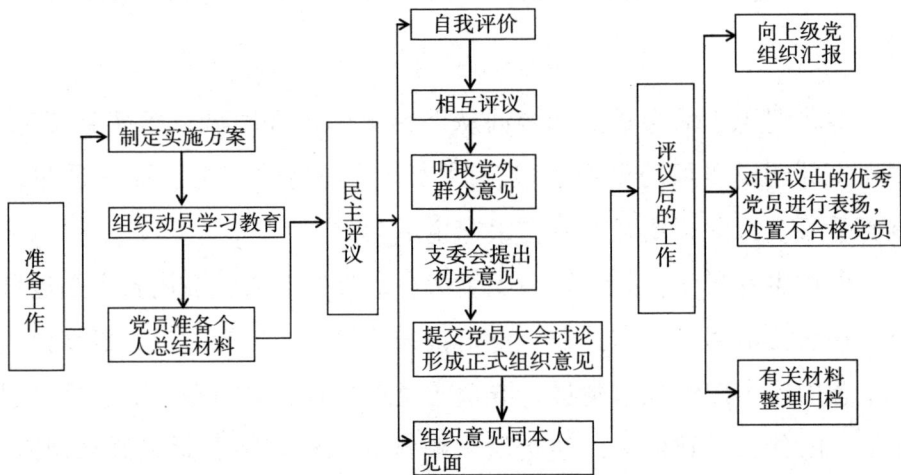

民主评议党员程序图

五、通过民主评议党员提高"三会一课"质量

民主评议党员是按照党章规定的党员条件，在集中学习、谈心谈话、征求意见的基础上，通过党员评议和党支部评定，对每名党员在政治、纪律、品德和作用发挥等方面作出客观评价，表扬优秀党员，评定不合格党员，激励广大党员强化党的观念、提高党性修养，自觉践行"四个合格"。做好民主评议党员要从以下几个方面入手。

（一）做好民主评议党员的准备工作

召开民主评议党员会议之前，党支部应研究制定开展民主评议党员工作的具体方案，报上级党组织审核。上级党组织审核同意后，支部及时通知全体党员做好必要准备，还可以向本单位党员、群众公示民主评议党员的主要内容、方法步骤和时间安排。

（二）明确民主评议党员的原则

（1）坚持实事求是。

（2）坚持民主公开。

（3）坚持分类指导。

（4）坚持教育、管理、监督融为一体。

（三）明确民主评议党员的主要内容

（1）是否具有坚定的共产主义信念，能否坚持"两个维护""四个意识""四个自信"，是否学懂弄通做实习近平新时代中国特色社会主义思想，把实现中华民族伟大复兴的中国梦同脚踏实地地做好本职工作结合起来，全心全意为人民服务。

（2）是否坚决贯彻执行党在社会主义初级阶段的基本路线和各项方针、政策，在政治上同党中央保持一致，为推动新时代中国特色社会主义事业发展作出贡献。

（3）是否站在改革的前列，维护改革的大局，正确处理国家、集体、个人利益之间的关系，做到个人利益服从党和人民的利益，局部利益服从整体利益。

（4）是否切实地执行党的决议，严守党纪、政纪、国法，坚决做到令行禁止。

（5）是否密切联系群众，关心群众疾苦，艰苦奋斗，廉洁奉公，在个人利益同党和人民的利益发生矛盾时，自觉地牺牲个人利益。对机关和企事单位的党员，重点围绕履行党员义务、履行岗位职责等开展评议。对村、社区和非公有制经济组织、社会组织的党员，重点围绕是否按期交纳党费、参加组织生活、完成党组织交给的任务以及在工作、学习和社会活动中发挥作用等情况开展评议。

基层党组织在开展民主评议党员工作中，需要根据党中央、上级组织的部署和要求，结合基层实际情况和不同领域、不同行业、不同群体党员的特点，明确民主评议的具体内容。

（四）民主评议党员的主要程序

（1）学习党章有关内容，学习党中央和上级党组织有关文件精神，学习与把握好党中央、上级党组织对于民主评议党员的相关文件、精神与原则要求。

（2）通报有关情况。由党支部书记通报会前准备情况，通报党员参加组织生活、遵守党的纪律、交纳党费、完成党组织交给的任务等方面的情况，通报党支部征求群众意见的情况。

（3）党员个人自评。与会党员分别对照党员标准，对照党中央和上级组织的要求，从参加党的组织生活、坚定理想信念、严守党的纪律、践行党的宗旨、转变工作作风、履行党员义务、发挥先锋模范作用等方面，查找自身问题，开展自我批评。

（4）党员相互评议。党支部书记和党支部委员会其他成员带头开展批评，其他党员相互开展批评。党员相互评议，可以安排在支部全体党员个人自评之后，也可以逐个进行，即某一个党员个人自评之后，其他党员随即对其进行相互评议。党员对党支部委员会的工作、作风等进行评议，并采取个人自评、党员互评的方式开展批评和自我批评。批评和自我批评要联系具体人具体事，直接点问题、摆表现，不说空话套话，不搞一团和气。

（5）开展民主测评。提名并通过监票人、计票人；清点与会党员人数和参加民主测评的群众代表人数；发放测评表；对党员进行投票测评；监票人、计票人统计民主测评结果。党员民主测评结果由基层党组织掌握。

民主测评、组织评定要根据党员日常表现，结合党员日常量化和先锋指数考评等情况，客观公正作出评价、确定等次并向本人反馈，评为"优秀"的比例一般不超过三分之一。要用好民主评议结果，表扬先进、鞭策后进，对不合格党员按程序作出相应组织处置。对失联党员重新取得联系、本人不能正确认识错误的，要严肃批评教育，经教育不改的要作出组织处置。民主测评通过发放测评表的方式，按照"优秀""合格""基本合格""不合格"四种等次，对党员进行投票测评。

（6）上级领导点评。上级党组织和有关部门负责同志进行点评，对下一步工作提出要求。

（7）进行会议小结。党支部书记作简要总结和表态发言。会后，根据查摆出的问题和党员群众的意见建议，党支部委员会要制定整改措施，党员要作出整改承诺。整改措施和整改承诺要对着问题去，落在具体实事上，实打实、可操作，定一条、做一条、兑现一条，不放空炮，不搞大而全。整改措施要向党员群众公开，向上级党组织报备，接受各方面监督。党支部书记是党支部委员会整改第一责任人，向上级党组织和党员大会述职时，应报告整改措施落实情况。

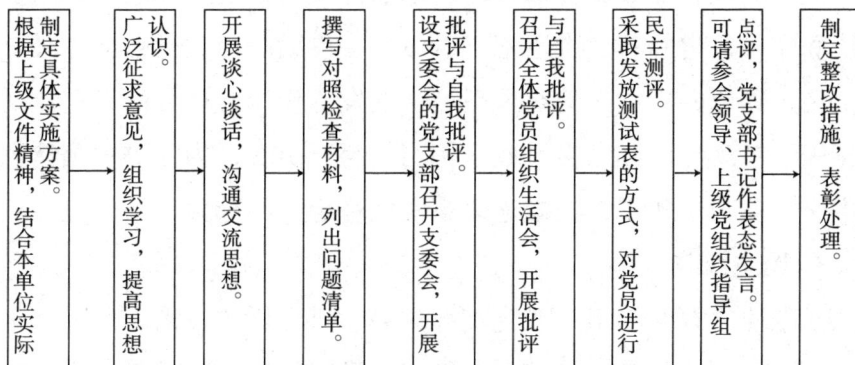

组织生活会和民主评议党员流程图

（五）明确民主评议党员的基本方法

1. 学习教育

以学习党章党规和习近平新时代中国特色社会主义思想为基本内容，对党员普遍进行新时代合格党员标准的教育。要引导党员以严肃认真的态度参加民主评议，正确对待自身存在的不足，正确对待党员群众提出的意见，正确对待党组织指出的问题，增强发挥先锋模范作用的主动性、自觉性。学习方法可以多种形式，注意讲求实效。

2. 自我评价

在学习讨论的基础上，每名党员对照党章、对照新时代合格党员标准、对照民主评议党员的学习教育要求，撰写自我评价的发言提纲，摆出政治、纪律、品德、作用四个方面存在的问题，肯定成绩，找出差距，明确努力方向。在政治合格方面，重点查摆是否牢固树立政治意识、大局意识、核心意识、看齐意识，特别是核心意识、看齐意识，坚定维护以习近平同志为核心的党中央权威，自觉在思想上政治上行动上同以习近平同志为核心的党中央保持高度一致；在执行纪律合格方面，重点分析是否严守党的政治纪律和政治规矩，对党忠诚老实，强化组织观念，知敬畏、明底线、守规矩，说老实话、办老实事、做老实人；在品德合格方面，重点评价是否继承和发扬党的优良传统和作风，讲修养、讲道德、讲诚信、讲廉耻，践行社会主义核心价值观，养成共产党人的高风亮节；在发挥作用合格方面，重点是践行正确政绩观，无私无畏、敢于担当、勇于负责，为推进中国特色社会主义事业苦干实干，在推进改革发展稳定中当标兵、做模范。

3. 民主评议

一般应召开党小组会或党支部大会，进行民主评议。

个人自评。每名党员按会前形成的发言提纲实事求是地作出自我评价，多做自我批评。

党员互评。党员之间开展互相评议，摆事实、讲表现，摆问题、提意见，讲真话、说实话，不带个人恩怨，不搞无原则纷争，不进行人身攻击。

民主测评。党支部统一发放制式的《民主评议党员测评表》，按照"优秀""合格""基本合格""不合格"四个等次，对党员进行投票测评。《民主评议党员测评表》由党支部集中收回、保管与统计。可邀请群众代表参与测评，测评结果单独统计，作为对党员提出民主评议意见的重要参考。

4. 组织考察

支委会（指党支部召开支委会会议，不设支委会的召开党支部大会，下同）对民主评议的意见进行实事求是的分析、综合。根据个人自评、党员互评、民主测评情况，结合党员一贯表现，按照"优秀""合格""基本合格""不合格"四个等次确定评议结果，并实事求是、客观公正地对每个党员提出评议意见。民主评议党员不下指标、不定比例、不唯票数。民主评议党员的结果，应该客观真实地反映出基层党员队伍的总体状况。

5. 表彰和处分

对民主评议中评为"优秀"的党员，党支部通过口头或书面形式进行表扬。对模范作用突出的党员，在符合基本条件的基础上，可优先参加"优秀共产党员""优秀党务工作者"评选。对评为"合格"的党员要肯定优点、提出希望和要求。对评为"基本合格"的党员要指出差距、帮助改进。对评为"不合格"的党员，要立足教育帮助，促进转化提高，按照中央和上级党组织有关规定办法程序，作出相应组织处置。

6. 整改提高

民主评议党员工作结束后，党员要作出整改承诺，整改内容和完成情况要在一定范围公示，接受党员和群众监督。民主评议党员结果及整改情况报上级党组织备案。

```
┌─────────────────┐      ┌──────────────────────────────┐
│   制定活动计划    │─────→│ 党支部要列年度工作计划，支委会要提 │
└────────┬────────┘      │ 前研究确定主题党日的具体内容        │
         │               └──────────────────────────────┘
         │                      ┌──────────────────────┐
         │                      │      开展学习教育      │
         │                      └──────────────────────┘
         │                      ┌──────────────────────┐
         │                      │      开展组织生活      │
         │                      └──────────────────────┘
┌────────┴────────┐            ┌──────────────────────┐
│   组织开展活动    │───────────→│      开展民主议事      │
└────────┬────────┘            └──────────────────────┘
         │                      ┌──────────────────────┐
         │                      │      开展志愿服务      │
         │                      └──────────────────────┘
         │                      ┌──────────────────────┐
         │                      │      开展关心关爱      │
         │                      └──────────────────────┘
┌────────┴────────┐            ┌──────────────────────────────┐
│     总结记录     │───────────→│ 对活动情况进行梳理总结并按要求     │
└─────────────────┘            │ 报告上级党组织                  │
                               └──────────────────────────────┘
```

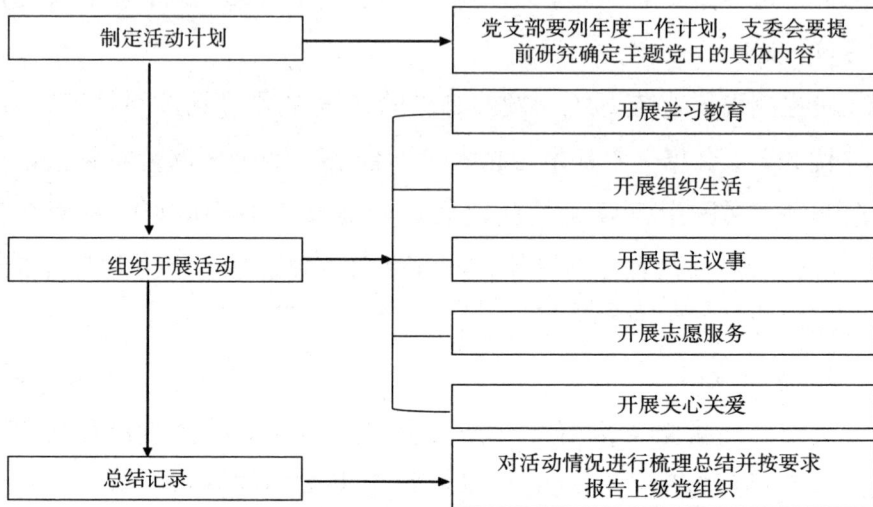

主题党日活动流程图

六、通过主题党日活动提高"三会一课"质量

　　主题党日活动是落实"三会一课"制度的有效载体。党日是指党组织和党员进行党的活动的法定时间。党日是党的生活在时间上的保证。党的组织生活的各项制度绝大多数要在党日中落实。党日活动是适应新形势而涌现出来的一件新事物，是便于党员过好党的组织生活，发挥党员先锋模范作用的一种好形式。党日活动一般每月固定一天时间，开展活动。党支部要从本单位、本部门的实际情况出发，规定党日活动的时间。落实主题党日制度要做到科学计划注重实效、抓好落实。党支部应针对本单位的工作性质和特点，总结经验探索在不同情况下坚持党日制度的方法。

（一）主题党日活动的内容

　　一是传达贯彻中央和上级党组织的决议、报告、指示、决定等文件；研究党支部建设的重要问题；结合实际，讨论贯彻执行的计划和措施；汇报工作；等等。

二是组织党员学习政治理论，对党员进行党的基本路线和基本知识教育、党的方针政策教育、党性党风党纪教育，向群众进行党的路线、方针、政策和形势任务的宣传、教育等。

三是开展组织生活，组织评议党员，听取党员的思想汇报，开展批评与自我批评，检查党员工作、学习及完成任务的情况等。

四是讨论发展党员工作计划，制定培养、教育、考察要求入党的积极分子的措施，履行新党员的入党手续，讨论预备党员的转正，选举支委会委员和选举出席上级党的代表大会的代表，进行党员鉴定，研究党纪处分及党员党籍问题。

五是组织党员开展义务劳动、义务服务、参政议事、献计献策、立功竞赛等有益的社会活动，发挥党支部的战斗堡垒作用和党员的先锋模范作用。

（二）搞好主题党日活动的基本做法

1. 抓好落实

一是时间要落实。党日一定要用于党的活动，不能随意占用，如挪用党日时间，事后要补上。二是内容要落实。党日活动内容要稳定，一般不要随意变动。三是制度要落实。即要建立健全必要的考勤制度，对于无故不参加党日活动的，要进行帮助教育；连续六个月不参加党日活动的，要按党章规定严肃处理。四是组织领导要落实。支委会委员特别是党支部书记要以身作则，带头参加党日活动；还要帮助党员解决生产、生活中的实际困难，为党员按时参加活动创造条件。

2. 注重实效

党支部应根据上级党组织的要求，结合本单位、本部门的实际情况，对党日活动进行科学安排，做好积极的准备，要通过党日活动，使党员各方面的素质得到全面提高；要注意党员层次性特点，使党日活动的内容满足不同类型、不同层次党员的需要。

3. 采取多种形式

一要坚持集中与分散相结合，有时召开支部大会，有时以党小组为单位学习讨论或开展公益活动。二要坚持着眼于实际，灵活安排，既可根据本单位、本部门的实际和党员思想状况讲党课，又可有针对性地开好民主生活会；既可走出去参观学习，又可请先进人物作报告；既可看电影、录像，又可开展演讲、知识竞赛等活动，使党日活动内容丰富、形式多样。党日是基层党组织进行党的活动的专门时间。组织好党日活动，对坚持党的组织生活制度，增强党员党的观念，充分发挥党支部的战斗堡垒作用和党员的先锋模范作用，有着十分重要的意义。"三会一课"是党日的主要内容和党的组织生活制度的重点，党日活动是落实"三会一课"制度的有效载体。

[学习参考]

某区 2019 最新党支部主题党日活动实施方案

为深入学习宣传贯彻党的十九大精神，落实全面从严治党的战略部署，全面贯彻落实市委关于建立"主题党日+"长效机制要求，进一步深化拓展"不忘初心牢记使命"专题教育，持续深入推进党的建设，严肃党内政治生活，经区委研究决定，在全区各级党组织开展"主题党日+"活动。

一、指导思想

以深入贯彻党的十九大、十九届三中全会为主线，认真学习习近平新时代中国特色社会主义思想，落实党要管党、从严治党的要求，让"不忘初心牢记使命"专题教育融入党员经常性学习教育，使党员理想信念进一步坚定，工作作风进一步转变，党群干群关系进一步密切，为加快实现我区发展提供组织保证。

二、开展时间

根据市委要求，我区将在每月第一周周一下午（节假日顺延）开展主题党日活动，每次时间不少于1小时。党员领导干部要以普通党员身份带头参加所在基层党组织主题党日活动。年老体弱、长期患病、长期在外的党员，经本人申请，所在党组织同意后可以不参加集中性组织活动。

三、主要内容

（一）开展诵读党章活动。各级党组织每月主题党日都要组织党员开展一次诵读党章活动，每次节选一段《中国共产党章程》进行诵读，可采取领诵或齐诵等方式开展，通过反复诵读，使党章内容熟记于心，进一步强化党章意识、党员意识、责任意识。

（二）学习传达上级精神。各级党组织每月主题党日都要组织党员集中学习中央、省委和市委最新精神，主要学习重大时政时事、重要文件精神、主要领导讲话及署名文章。学习资料收集整理由区委宣传部牵头负责，区直其他机关部门配合提供相关资料。由党组织书记主持领学，其他党员针对学习内容开展讨论并提出贯彻落实上级精神的相关建议。通过集中学习上级精神，让党员及时掌握上情要情，切实将思想行动统一到上级的决策部署中来。

（三）开展丰富多彩主题活动。基层党组织和党员可结合实际，积极探索其他灵活多样、丰富多彩的主题党日活动方式方法。

学习教育：组织党员开展"三会一课"、学党史讲党史、学习政治理论、重温入党誓词、参观革命遗址、观看电教片等。结合学习教育，组织党员围绕"为什么入党、入党为什么"等主题开展讨论。

联系服务群众：组织党员深入基层开展政策宣传、结对帮扶、走访慰问、爱心募捐、关爱弱势群体等活动，解决群众所需所盼；引导党员开展社会活动，通过党员义务劳动日活动、"学雷锋、树新风"志愿活动，树立党员全心全意为人民服务的意识；开展党员立功日活动，促进党员干部更加出色地完成本职工作，发挥先锋模范作用；开展党员献计日活动，使每个党员为党的工作动脑思考，实现党员主动、积极参与支部建设与管理的目标等。

民主议事：制定党支部年度工作计划，定期研究重大项目建设、惠民资金使用、党务政务财务公开等重要事项，讨论发展党员工作计划和预备党员转正，制定培养、教育、考察入党积极分子的措施，研究党纪处分及党员党籍问题。

组织党员对党组织公开承诺。

党员管理：通过争创党员先锋岗，创建党员责任区，开展无职党员设岗定责，发挥党支部的战斗堡垒作用和党员的先锋模范作用。组织党员开展组织生活，组织民主评议党员，听取党员的思想汇报，开展批评与自我批评，检查党员工作、学习及任务完成情况等。

四、实施步骤

1. 制定方案。结合实际，制定本区本单位年度工作方案和月活动安排；一旦方案制定后，严格参照执行，党日要用于党的活动，不能挤占主题党日活动时间，如在规定时间内未能开展的要另行安排时间补上，否则将追究相关责任人责任。

2. 组织实施。结合工作实际，开展形式多样的主题党日活动，确保活动实效。基层党组织要明确专人负责"主题党日"活动长效机制建立工作，要建立考勤制度，做好活动的计划、实施、记录、影像留存和情况上报等工作。严禁以"主题党日"为名组织党员外出旅游、发放各种补贴；党员无特殊情况不得无故迟到、早退，或不参加活动；因事因病不能参加的，必须经党支部批准，事后要进行补学和补课。

3. 督导检查。区主题党日活动督查组每月采取随机抽查、巡回检查、电话问询等方式，对各党组织工作情况开展督查；每季度对活动组织不力、敷衍了事的党组织进行通报，限期整改；年底将"主题党日+"活动纳入党建考核项目进行考核，做到一月一督查、一季一通报、一年一考核。

五、有关要求

一是加强组织领导。区委发挥一线指挥部作用，组织部门负责全区"主题党日+"活动的统筹、谋划、协调等工作；宣传部门负责统一收集整理每月学习资料。区直各单位党组织负责"主题党日+"活动落实工作，并提供《党章》等学习资料、统一印制村（社区）基层党组织每月学习资料。党组织主要负责同志要承担起第一责任人责任，把建立"主题党日+"长效机制作为履行党建主体责任的重要任务，纳入党建工作述职评议考核。

二是严格落实责任。将开展主题党日的情况作为参评党建先进党组织评比的重要参考依据之一。党员参加活动的情况，要作为年度考核考评和评先评优的重要参考依据。对工作不力的党组织进行通报，并提出整改要求。对于未落实"主题党日"要求的党组织书记、无故不参加"主题党日"的党员，按照有关规定严肃处理。

三是强化总结宣传。各单位要认真总结建立"主题党日+"长效机制的好经验好做法，深入挖掘开展主题党日活动的先进典型。要在每月 20 日前将"主题党日+"进展情况报送区委组织部，区直单位须同时报机关工委。要充分运用各种媒体，加强对"主题党日+"长效机制的宣传引导，营造良好的舆论氛围。

七、通过"四议两公开"提高"三会一课"质量

"四议两公开"工作法也被简称为"4+2"工作法，是 2004 年

以来，由河南省邓州市探索创造出的一种党领导下的村民自治工作的新形式。2009 年 4 月，习近平同志在河南调研时专门听取了关于"四议两公开"工作法实施情况的汇报，给予了充分的肯定，并作出重要批示，指出这一工作法是党的基层组织建设的好经验、好做法，可加以完善并在更大范围内推广。

（一）"四议两公开"成效显著

"四议两公开"工作法是基层干部在实践基础上将党的领导与基层民主相结合创新出来的工作方法，这一工作法实施以来，对于发扬党内民主和基层人民民主，推动农村经济社会发展和村民自治，发挥了很好的作用。具体而言，主要表现在以下几个方面：

一是加强了农村基层党组织的领导，理顺了村级组织关系。"四议两公开"工作法使党支部的领导核心地位和村委会的决策执行主体地位更加明确；通过提议、决议和决策实施全过程的群众参与，落实了群众的知情权、参与权、表达权和监督权；通过党员审议等环节，充分保障了党员权利。这一工作法的实施，巩固了农村党组织的核心领导地位，加强了村级组织配套建设，提高了党员干部领导科学发展的能力，从而完善了党领导下充满活力的村级民主自治机制。

二是实现了决策民主化，促进了农村经济发展。"四议两公开"工作法从提议开始，要求广泛征求广大群众的意见，集中广大党员的智慧，否则在后面党员大会与村民大会等环节就无法通过，因此具有很高的民主性。并且，通过每一个环节的磋商与修改，能够在更大程度上得到共识。由于在决策过程中充分贯彻民主化，因此通过的相应决议能够更加合理化，在后期决策实施过程中也就会减少诸多阻碍因素。这一工作方法的实施为农村各项工作决策提供了新的思路，也使得基层干部在推进工作中有了更有效的抓手，解决了干部不敢干、不会干的问题，推动了农村经济社会的发展。

三是坚持了党的群众路线，有效化解了农村矛盾，保持了农村社会稳定和谐。党的群众路线要求从群众中来、到群众中去，"四议两公开"工作法遵循了这个原则。一方面，要求在村内重大事项提议过程中必须广泛听取广大村民的意见，吸纳广大党员的建议，并最后通过党员大会与村民大会或村民代表会议决定，实现了群众的事情自己议、自己定、自己干、自己管。另一方面，"四议两公开"工作法的实施，能够有效处理疑难事务、解决复杂矛盾，从而实现党的主张和群众意愿的统一。同时，该工作法的实施能够从制度上防止村级权力滥用和腐败现象滋生，增强了党组织在群众中的威信，融洽了农村党群干群关系，巩固了党在农村的执政基础。

（二）深化推广"四议两公开"工作法的建议

各级领导干部要高度重视、提升认识，"四议两公开"工作法是"推进社会主义民主政治制度建设、加强和提高党的执政能力制度建设"在基层的成功实践，对于其重要性和现实意义要有足够的认识，只有这样，才能上下一心，持续有效地将其深入推广开来。具体而言：

第一，坚持推动的连续性。"四议两公开"工作法流程上的改进与完善是一项长期工程，因此，切忌用搞运动的形式一哄而上来深化拓展。同时，也不能松懈，要根据实际发展状况陆续出台各项支持政策与措施，不间断地来推动该工作法的实施。

第二，加强对深化拓展"四议两公开"工作法的监督和指导。针对有的基层干部消极不想干及能力不足不会干、不敢干的现状，指派强有力的干部负责监督与指导效果会较好，尤其是对村级组织不健全、村主要领导能力不足的村，效果更显著。因此，加强上级党组织的指导与监督是推进该工作法的有效手段。

（三）继续创新、深化拓展该工作法

第一，在条件成熟的地方和单位，逐步推广村民小组"一提二审三通过"工作法。这一简化版的工作法是"四议两公开"工作法在村民小组层面的创新运用：村民小组理事组提出实施意见，村"两委"审查同意，村民小组户代表会议或村民小组会议决议通过。

第二，拓展该工作法在村之外的其他基层组织中的实施。具体而言，可以进一步尝试探索完善城镇社区"四议两公开"工作法，探索推进"四议两公开"工作法在乡镇（街、区）的拓展延伸，稳慎推进"四议两公开"工作法向机关和企事业单位拓展延伸。

（四）完善体制机制，积极营造该工作法的制度化运行环境

第一，健全和完善党员联系群众制度。该工作法的有效实施，需要最大范围内征求村民意见，这就要求发挥党员积极联系群众的作用，使每个党员都能够从自身条件出发，充分利用各种渠道，有效联系群众，了解群众意愿需求，反映群众意见建议，让他们帮助村"两委"议大事、出点子，使决策更加贴近实际，符合群众愿望。

第二，健全和完善村民代表联系农户制度。实践经验表明，村民代表联系农户是现实中沟通群众、充分了解民意的有效途径。因此，要继续遵循"就近居住、便于联系"的原则，完善村民代表联系农户制度。使得每个村民代表负责一定比例的农户，真正发挥代表的作用，及时了解和反映联系对象的意愿和要求，在此基础上形成合理化的意见和建议。村民代表要积极发挥宣传、引导功能，推进自己联系的村民自觉执行各项决议。为此，要进一步完善村民代表选举与撤换的规定，确保村民代表积极发挥作用。

第三，健全和完善党员活动日制度。原则上规定每月的某一天为村党员活动日。在这一天，全体党员要根据村党组织的安排，对需要按照"四议两公开"工作法程序决定的事项，进行认真的审议。党员无特殊情况，必须按时参加活动。

党员活动日党组织要提前一天通知每名党员，认真组织活动并填写"四议两公开"工作法记录。

第四，健全和完善意见收集、处理和反馈制度。村"两委"要通过广大党员、村民代表广泛收集群众对决策事项以及决策实施过程的意见、建议，对收集到的意见、建议进行定期归纳、整理、分析、存档，并及时向群众作出解释、答复。

（五）加强基层党组织和队伍建设

第一，培养好村支书。实践证明，一个作风好、能力强、威信高的村支书对于村组织的凝聚力、影响力的发挥非常关键，加强基层党组织建设的首要任务就是要培养一个好的村支书。因此，在通过各种途径将品行好、能力强、敢担当的人选拔为村支书的同时，应不断提升其落实"四议两公开"工作法的能力，增强其执行该工作法的自觉性，从而不断提升党支部提议与决策事项的科学性、合理性。

第二，建好村支"两委"会。村"两委"的打造要积极拓展各种途径，采取多种方式将优秀人才吸引进来。当前，一方面要更注重从农村致富带头人、退伍军人、务工返乡农民、专业合作组织负责人、退休干部以及县乡机关、企事业单位党员干部等群体中选拔合适的两委成员。另一方面要进一步增强大学生村干部的工作力度，这部分群体文化水平高、学习能力强，能够很快接受新事物。因此，要健全大学生村官的选派、培训、管理、激励等方面的制度，培养好人才、留得住人才，让他们在推广"四议两公开"工作法中发挥积极作用。

第三，锻造好党员、村民代表两支队伍。要加强对农村党员干部的培训，引导农村党员干部对于党的理论与政策、先进技能与工作方法的学习，不断提高基层党员干部执行政策、加快发展、化解矛盾等各方面的能力；强化党员大会审议等环节和程序，提高审议质量，从制度上尊重和落实党员的主体地位。要把素质好、威信高、能力强、热心为集体办事的群众选为村民代表,加强对他们的培训和指导,把他们培养成村民的真正代表。

(六)提升村级干部待遇,加大基层投入

第一,提升村级干部待遇,能够使他们更有尊严、更有动力,这是留住人才、提升他们积极性的核心和关键。提升村级干部待遇,应包括村干部的生活、工作条件的改善。在这方面,可试行村级干部"公职化管理"。连云区云山街道实行村干部公职化管理,对村干部参照机关工作人员进行管理,重点改革村干部工资结构,参照事业单位公职人员,实行"基础工资+效益工资+考核工资"制度,基础工资根据职务和工龄确定,按月发放,最低年工资不低于1万元;效益工资与村当年集体收入挂钩;考核工资与年度目标考核挂钩。同时,为解决村干部后顾之忧,鼓励支持有条件的村参照城镇企业职工为村干部办理养老保险和医疗保险。

第二,增加对基层的支持和投入,对于当前部分村级组织没有合适办公场所,以及部分村部办公经费不足的现状,建议由国家财政予以专款解决。以绥化市北林区为例,加大投入力度,不断提高城市基层党建支撑力,不断完善党建阵地配套设施。在社区活动场所建设上,坚持统一规划标准,武装社区配套设施。要求每个社区以办公、服务、党员居民活动用房为载体,成立社区综合服务中心,社区硬件建设达到"八有"标准:有电话、有电脑、有打印机、有电教设备、有1000本以上的新图书、有党报党刊、每年有固定的办公和活动经费、有活动和健身器材。设立"五室四站三栏二校一场所",即200平方米以上的社区办公室、党员活动室,20平方米以上的警务室,100平方米以上的老年活动室、图书阅览室;社区服务站、社区劳动保障工作站、流动党员管理服务站、社区卫生计生服务站;社区党务公开栏、政务公开栏、信息栏;社区业余党校、科普学校等配套设施。并要求活动阵地达到"六有三经常"的标准,即有标

识牌、有党员活动室、有电教及相关设施、有基本情况介绍、有党建工作制度、有学习资料，做到学习经常、活动经常、作用发挥经常。目前，40 个社区全部达到了具体标准。按照要求，北林区每个社区 5 万元工作经费、5 万元（北林区每个社区 10 万元）服务群众专项经费、每名社区党员 200 元标准党建工作经费已及时纳入2018 年区级财政预算，并于第一季度及时拨付到位，为加快党建阵地建设提供有力保障。

（七）用实际成效评价检验"四议两公开"工作法

第一，查验该工作法流程原始记录是否完整、真实。实地调研显示，该工作法实践效果好的基层组织，相关原始记录相对比较完整。因此，要了解"四议两公开"工作法各个环节的落实进展状况，可以首先查看会议原始记录内容，看基层组织每一次开会是否具有完整的会议流程和内容的原始记录，在此基础上查看各个环节的具体内容的合理性、真实性与程序的科学性。

第二，核实村级组织工作难题的解决情况。前文已经提及，村级组织工作主要包括三个大的方面：自主组织实施的重大事项、国家惠农与帮扶政策的相关事项、上级党委政府确定的工作事项。评价"四议两公开"工作法的实践效果，一要看这些事项通过该工作法落实的比例，二要看各个具体事项落实的实践效果。

第三，查看基层群众矛盾化解、社会和谐的有效程度。据调查反馈，在引入"四议两公开"工作法之前，部分村村民之间矛盾尖锐且无法得到有效解决，村民对基层组织的决议不满而引发的持续上访现象长期存在，但该工作法自实践之后，村民上访现象大量减少甚至消失，可见村民上访率高低与该工作法的实践效果有直接关系。因此，查看上访率是检验该工作法实践效果的有效标尺。

八、通过改进党员管理提高"三会一课"质量

"三会一课"的开展主体是广大党员，所有组织活动都要依靠党员来开展。因此，党员的素质、能力、活动情况影响着整个"三会一课"的活动效果。因此，要通过改进党员管理提高"三会一课"质量。推动党员教育管理提升要从以下几个角度入手：一是创新组织设置。既要扩大组织的覆盖面，使每个党员都有温暖的家，又要适时调整组织设置方式，将支部建在业务线上、建在社会化组织中，将党小组设置功能化、特长化。二是创新管理机制。引导党员按照党章要求，发挥党员主体作用，实行自我管理。探索流动党员管理制度。要把党组织对党员的管理与党员对党员、群众对党员的民主评议和监督结合起来，充分征求、听取党内外群众的意见，让党员自始至终处于党内外群众民主监督之下。三是创新教育机制。要重视更新教育内容，及时汲取现代科学发展的成果，不断增加党员教育的科技含量，突出现代科学文化知识的教育，增强能力，提高素质，永葆先进性。同时要改变教育方式，建立灵活的开放的党员教育体系，加大经费投入，利用现有的党员电教网点和广播电视、报纸杂志、互联网络等媒体拓展党员教育的主阵地。让党员不受时间、不受空间、不受个体素质差异的限制，时时都能接受到党的教育，处处都能感受到党的关怀。四是创新活动平台。要改变"三会一课"的固有模式，把"三会一课"的优势与中心工作巧妙结合，通过形式多样的活动平台，既推进中心工作上水平，又促进"三会一课"质量上台阶。

在改进党员管理过程中，要树立"抓在基层、严在支部"的导向，充分发挥各基层党委（党组）的承上启下作用，坚持程序公开透明，任务上下联动，责任倒查一层，通过流程、时效、责任相互作

用，激发工作活力，促使"三会一课"严起来、实起来。一是时限有要求。严格基层党组织"三会一课"的时间规定。二是会前有沟通。研究制定基层党支部组织生活指导手册，认真落实"三会一课"请示报备制度，定期收集党小组及干部群众的意见和建议。涉及群众切身利益的决策性会议必须搞好会前沟通，提高党内民主质量，不断增强党员的存在感和归属感。三是过程有指导。发挥基层党委（党组）的领导和把关作用，每季度对所属基层党组织"三会一课"等支部组织生活执行情况进行检查指导，掌握情况、做好预判，把住关口、严密流程。四是考评有依据。建立基层党组织"三会一课"的工作标准和考核测评指标体系，全方位、立体式评估"三会一课"的质量和成效。五是奖惩有依据。把"三会一课"落实情况纳入基层党组织领导班子年度目标责任制和基层党建述职评议考核范畴，分层分类建立党建责任清单，实行项目化管理，通过"成绩+问题+任务"三单联考，奖优罚劣，考评结果与调配班子、使用干部、评先选优等工作挂钩。六是落实有问责。建立纪检、组织、督查、巡察部门日常沟通联系机制，压紧责任链条，做到有纪必执、有违必查、执纪必严。

九、完善"三会一课"制度的基础保障机制

"三会一课"制度是健全党内组织生活、严格党员管理，加强党员教育的重要制度，是推动全面从严治党向基层延伸的有力抓手。要完善"三会一课"制度的基础保障机制，着力提升"三会一课"规范化、实效化、常态化水平。

首先，要让"三会一课"程序化。坚持把有序管理作为落实"三会一课"制度的有力抓手，从严从细严格要求，实现"三会一

课"程序化。一是抓备课。"三会一课"之前，主讲人广泛征求党员和群众代表意见，做好深入细致的调查研究工作，并结合自身思想和工作实际，形成较为完整的发言提纲，切实在思想和业务上"备足课"。二是抓备案。基层党支部年初将"三会一课"的具体安排报上级党组织、组织部备案，上级党组织领导对各党支部"三会一课"的安排意见进行审查。同时，通过领导包联、结对共建等方式指导各党支部落实好"三会一课"，确保组织生活全覆盖有成效。三是抓备查。上级党委定期不定期对各党支部"三会一课"开展情况进行督查，检查学习资料、考勤记录、学习记录、学习内容、影像资料等是否完善，确保工作有迹可寻，落到实处。

第二，要制定"三会一课"年度计划。确定支部党员大会、支部委员会、党小组会及上党课的开展频率，确定每月、每季度、每年开展"三会一课"的次数，并做好会议记录。要定期开展思想交流和批评与自我批评，检验"三会一课"的效果；要对落实"三会一课"制度进行督查，发挥好考核、通报的"指挥棒"和"晴雨表"作用，时时过问，常常提及；要结合"三会一课"半年或年度总结、述职、评议等工作进行考评，将结果作为评判党组织和党组织书记履行管党治党责任情况的重要依据；要严格落实问责机制，对工作落实不力、搞形式、走过场的党组织及其主要负责人，要严肃批评，并进行追责问责。

第三，注重细化措施，让"三会一课"规范化。坚持把提高质量作为落实"三会一课"制度的关键抓手，不断细化工作措施，做到会前准备充分、会中内容集中、会后认真总结，实现了"三会一课"规范化，确保不走过场。在主题上，聚焦全面从严治党，重点加强党员干部理想信念、作风建设、党风廉政等方面教育，使党员干部始终同上级党组织保持高度一致。在评价上，不仅依靠查阅记录，还注重与工作实绩相结合，督促各级党组织把组织生活与工作实践结合起来，达到指导实践、促进工作的效果。

第四，坚持在抓常、抓细、抓长上下功夫，组建党建工作督导组定期开展督导，推行党政干部全覆盖联系基层党组织制度，督促各级党组织把功夫下在平时，注重过程质量。加大"三会一课"在党建考核中的比重，列入党组织书记述职评议考核重要内容，对"三会一课"不正常、组织生活流于形式、开展效果不好的党组织，对党组织书记进行约谈，对后进党组织进行整顿提高。严肃组织处理，畅通党员"出口"，对没有正当理由，连续半年以上不参加党的组织生活，或不交纳党费，不服从党组织分配的党员，按自行脱党处置，予以除名，维护党内制度严肃性。

第五，完善考核监督制度。各级党组织要加强对所辖党支部"三会一课"制度开展情况进行监督检查，建立联系点将其纳入本级管理，指导基层党支部开展"三会一课"活动，考核"三会一课"落实情况。一是要发挥好督查的作用，对落实"三会一课"制度要时时过问、常常提及，推动监督常态化。二是要强化考核的作用，把落实"三会一课"制度情况纳入各级党组织党建工作考核之中，作为党建工作述职的必要内容，作为评判党组织和党组织书记履行管党治党责任情况的重要依据。三是要严格执行问责机制，对工作落实不力、搞形式、走过场的，要严肃批评，并做好追责问责，切实让"三会一课"在基层动起来、严起来、实起来、活起来。

十、发挥党支部书记、党小组组长的具体领导责任

党支部书记和党小组长的领导水平和党性修养决定着"三会一

课"质量，因此要不断提升党支部书记、党小组组长的领导责任和工作能力。一方面，要切实做好党支部书记、党小组长的选拔任用工作，真正把那些素质好、党性强、业务精、懂管理、有奉献精神的党员选拔到支部书记、党小组长的岗位上来。另一方面，要下大力气抓好支部书记、党小组组长素质的提高，坚持逐级负责，分层培训。要坚持全覆盖培训基层党组织书记，全覆盖开展"我是支部书记"主题交流活动，全覆盖推进党支部书记抓党建述职评议，教育引导党支部书记既从严要求自我，又主动思考谋划、优化内容设计、创新方式方法、抓好督促检查，承担起催生党支部合力、发挥引领作用等职责使命，决不当甩手掌柜。实施党支部委员（党小组组长）分领域分批次集中轮训，增强责任意识和业务能力。同时，要求党支部委员（党小组组长）随时掌握党员的思想动态，做好团结、动员党员工作，为"三会一课"的有效开展提供智慧、汇聚合力。要加强对培训工作的指导、检查和督促同时，要加强日常管理，进一步建立和完善支部书记和党小组组长工作档案等管理制度。要定期对支部书记、党小组组长的情况进行分析，在适时调整充实的同时，要注意保持队伍的稳定，并及时解决他们思想、工作、生活上存在的困难和问题，为他们开展工作创造有利条件。通过严格培训，严格管理，使支部书记、党小组组长队伍的整体素质有一个较大的提高。

十一、坚持好党员领导干部双重组织生活制度

《中国共产党章程》规定："每个党员，不论职务高低，都必须编入党的一个支部、小组或其他特定组织，参加党的组织生活，接受党内外群众的监督。党员领导干部还必须参加党委、党组的民主生活会。不允许有任何不参加党的组织生活、不接受党内外群众监督的特

殊党员。"党员领导干部是党员队伍中平等的一员，要按要求参加"双重组织生活"，不允许有超越制度约束的"特殊党员"。党员领导干部要通过"双重组织生活"，自觉把权利和义务有机地统一起来，认真负责地向党组织汇报自己的思想和工作。

一要提高思想自觉。党员领导干部参加"双重组织生活"是《党章》的规定，必须认真贯彻执行。党员领导干部参加"双重组织生活"既是加强党性锻炼，提高党性修养的可靠保证；又是严肃党内政治生活，巩固和拓展党的群众路线教育实践活动成果的重要举措；同时还是《党章》对党员权利、义务的规定，是党员活动的最高规范；也是发扬党内民主，坚持党的民主集中制的根本要求。

二要规范组织生活。党员领导干部民主生活会和党支部、党小组的组织生活会在召开之前，都应提前将生活会的内容、召开的时间通知党员领导干部，以便党员领导干部能够妥善安排工作和活动，认真做好会前准备，按时参加组织生活会。党员领导干部要在民主生活会和组织生活会中，带头以普通党员身份自觉参加"双重组织生活"，发挥表率作用，坚持发扬民主，认真开展批评和自我批评，认真倾听同志们的意见，自觉接受党员群众的监督，以实际行动带动组织生活会的开展。党员领导干部在参加"双重组织生活"中，要牢记根本宗旨，不断加强党性煅炼和道德修养，切实提高党内政治生活的政治性、原则性、战斗性，使党内政治生活真正起到教育党员、增强党性的作用。

三要完善相关制度。建立和健全"三会一课"制度，定期召开支部党员大会、支部委员会、党小组会，党支部要按照要求，制定年度的党课计划，落实党课内容，按时组织上好党课。党支部每年要制定落实组织生活制度的总体规划，每季度要制定本单位所属党组织落实组织生活制度的具体计划。党支部、党小组要严格按照规定，不仅要积极协助领导干部民主生活会，更要统筹安排和组织好党员领导干部参加支部组织生活。

附　　录

一、《中国共产党支部工作条例 （试行）》（2018 年）

第一章　总　　则

第一条　为了坚持和加强党的全面领导，弘扬"支部建在连上"光荣传统，落实党要管党、全面从严治党要求，全面提升党支部组织力，强化党支部政治功能，充分发挥党支部战斗堡垒作用，巩固党长期执政的组织基础，根据《中国共产党章程》和有关党内法规，制定本条例。

第二条　党支部是党的基础组织，是党组织开展工作的基本单元，是党在社会基层组织中的战斗堡垒，是党的全部工作和战斗力的基础，担负直接教育党员、管理党员、监督党员和组织群众、宣传群众、凝聚群众、服务群众的职责。

第三条　党支部工作必须遵循以下原则：

（一）坚持以马克思列宁主义、毛泽东思想、邓小平理论、"三个代表"重要思想、科学发展观、习近平新时代中国特色社会主义思想为指导，遵守党章，加强思想理论武装，坚定理想信念，不忘初心、牢记使命，始终保持先进性和纯洁性。

（二）坚持把党的政治建设摆在首位，牢固树立"四个意识"，坚定"四个自信"，做到"四个服从"，旗帜鲜明讲政治，坚决维护习近平总书记党中央的核心、全党的核心地位，坚决维护党中央权威和集中统一领导。

（三）坚持践行党的宗旨和群众路线，组织引领党员、群众听党话、跟党走，成为党员、群众的主心骨。

（四）坚持民主集中制，发扬党内民主，尊重党员主体地位，严肃党的纪律，提高解决自身问题的能力，增强生机活力。

（五）坚持围绕中心、服务大局，充分发挥积极性主动性创造性，确保党的路线方针政策和决策部署贯彻落实。

第二章　组织设置

第四条　党支部设置一般以单位、区域为主，以单独组建为主要方式。企业、农村、机关、学校、科研院所、社区、社会组织、人民解放军和武警部队连（中）队以及其他基层单位，凡是有正式党员3人以上的，都应当成立党支部。

党支部党员人数一般不超过50人。

第五条　结合实际创新党支部设置形式，使党的组织和党的工作全覆盖。

规模较大、跨区域的农民专业合作组织，专业市场、商业街区、商务楼宇等，符合条件的，应当成立党支部。

正式党员不足3人的单位，应当按照地域相邻、行业相近、规模适当、便于管理的原则，成立联合党支部。联合党支部覆盖单位一般不超过5个。

为期6个月以上的工程、工作项目等，符合条件的，应当成立党支部。

流动党员较多，工作地或者居住地相对固定集中，应当由流出地党组织商流入地党组织，依托园区、商会、行业协会、驻外地办事机构等成立流动党员党支部。

第六条　党支部的成立，一般由基层单位提出申请，所在乡镇（街道）或者单位基层党委召开会议研究决定并批复，批复时间一般不超过1个月。

基层党委审批同意后，基层单位召开党员大会选举产生党支部委员会或者不设委员会的党支部书记、副书记。批复和选举结果由基层党委报上级党委组织部门备案。

根据工作需要，上级党委可以直接作出在基层单位成立党支部的决定。

第七条　对因党员人数或者所在单位、区域等发生变化，不再符合设立条件的党支部，上级党组织应当及时予以调整或者撤销。

党支部的调整和撤销，一般由党支部报所在乡镇（街道）或者单位基层党委批准，也可以由所在乡镇（街道）或者单位基层党委直接作出决定，并报上级党委组织部门备案。

第八条　为执行某项任务临时组建的机构，党员组织关系不转接的，经上级党组织批准，可以成立临时党支部。

临时党支部主要组织党员开展政治学习，教育、管理、监督党员，对入党积极分子进行教育培养等，一般不发展党员、处分处置党员，不收缴党费，不选举党代表大会代表和进行换届。

临时党支部书记、副书记和委员由批准其成立的党组织指定。

临时组建的机构撤销后，临时党支部自然撤销。

第三章　基本任务

第九条　党支部的基本任务是：

（一）宣传和贯彻落实党的理论和路线方针政策，宣传和执行党中央、上级党组织及本党支部的决议。讨论决定或者参与决定本地区本部门本单位重要事项，充分发挥党员先锋模范作用，团结组织群众，努力完成本地区本部门本单位所担负的任务。

（二）组织党员认真学习马克思列宁主义、毛泽东思想、邓小平理论、"三个代表"重要思想、科学发展观、习近平新时代中国特色社会主义思想，推进"两学一做"学习教育常态化制度化，学习党的路线方针政策和决议，学习党的基本知识，学习科学、文化、法律和业务知识。做好思想政治工作和意识形态工作。

（三）对党员进行教育、管理、监督和服务，突出政治教育，提高党员素质，坚定理想信念，增强党性，严格党的组织生活，开展批评和自我批评，维护和执行党的纪律，监督党员切实履行义务，保障党员的权利不受侵犯。加强和改进流动党员管理。关怀帮扶生活困难党员和老党员。做好党费收缴、使用和管理工作。依规稳妥处置不合格党员。

（四）密切联系群众，向群众宣传党的政策，经常了解群众对党员、党的工作的批评和意见，了解群众诉求，维护群众的正当权利和利益，做好群众的思想政治工作，凝聚广大群众的智慧和力量。领导本地区本部门本单位工会、共青团、妇女组织等群团组织，支持它们依照各自章程独立负责地开展工作。

（五）对要求入党的积极分子进行教育和培养，做好经常性的发展党员工作，把政治标准放在首位，严格程序、严肃纪律，发展政治品质纯洁的党员。发现、培养和推荐党员、群众中间的优秀人才。

（六）监督党员干部和其他任何工作人员严格遵守国家法律法规，严格遵守国家的财政经济法规和人事制度，不得侵占国家、集体和群众的利益。

（七）实事求是对党的建设、党的工作提出意见建议，及时向上级党组织报告重要情况。教育党员、群众自觉抵制不良倾向，坚决同各种违纪违法行为作斗争。

（八）按照规定，向党员、群众通报党的工作情况，公开党内有关事务。

第十条 不同领域党支部结合实际，分别承担各自不同的重点任务：

（一）村党支部，全面领导隶属本村的各类组织和各项工作，围绕实施乡村振兴战略开展工作，组织带领农民群众发展集体经济，走共同富裕道路，领导村级治理，建设和谐美丽乡村。贫困村党支部应当动员和带领群众，全力打赢脱贫攻坚战。

（二）社区党支部，全面领导隶属本社区的各类组织和各项工作，围绕巩固党在城市执政基础、增进群众福祉开展工作，领导基层社会治理，组织整合辖区资源，服务社区群众、维护和谐稳定、建设美好家园。

（三）国有企业和集体企业中的党支部，保证监督党和国家方针政策的贯彻执行，围绕企业生产经营开展工作，按规定参与企业重大问题的决策，服务改革发展、凝聚职工群众、建设企业文化，创造一流业绩。

（四）高校中的党支部，保证监督党的教育方针贯彻落实，巩固马克思主义在高校意识形态领域的指导地位，加强思想政治引领，筑牢学生理想信念根基，落实立德树人根本任务，保证教学科研管理各项任务完成。

（五）非公有制经济组织中的党支部，引导和监督企业严格遵守国家法律法规，团结凝聚职工群众，依法维护各方合法权益，建设企业先进文化，促进企业健康发展。

（六）社会组织中的党支部，引导和监督社会组织依法执业、诚信从业，教育引导职工群众增强政治认同，引导和支持社会组织有序参与社会治理、提供公共服务、承担社会责任。

（七）事业单位中的党支部，保证监督改革发展正确方向，参与重要决策，服务人才成长，促进事业发展。事业单位中发挥领导作用的党支部，对重大问题进行讨论和作出决定。

（八）各级党和国家机关中的党支部，围绕服务中心、建设队伍开展工作，发挥对党员的教育、管理、监督作用，协助本部门行政负责人完成任务、改进工作。

（九）流动党员党支部，组织流动党员开展政治学习，过好组织生活，进行民主评议，引导党员履行党员义务，行使党员权利，充分发挥作用。对组织关系不在本党支部的流动党员民主评议等情况，应当通报其组织关系所在党支部。

（十）离退休干部职工党支部，宣传执行党的路线方针政策，根据党员实际情况，组织参加学习，开展党的组织生活，听取意见建议，引导他们结合自身实际发挥作用。

第四章　工作机制

第十一条　党支部党员大会是党支部的议事决策机构，由全体党员参加，一般每季度召开 1 次。

党支部党员大会的职权是：听取和审查党支部委员会的工作报告；按照规定开展党支部选举工作，推荐出席上级党代表大会的代表候选人，选举出席上级党代表大会的代表；讨论和表决接收预备党员和预备党员转正、延长预备期或者取消预备党员资格；讨论决定对党员的表彰表扬、组织处置和纪律处分；决定其他重要事项。

村、社区重要事项以及与群众利益密切相关的事项，必须经过党支部党员大会讨论。

党支部党员大会议题提交表决前，应当经过充分讨论。表决必须有半数以上有表决权的党员到会方可进行，赞成人数超过应到会有表决权的党员的半数为通过。

第十二条　党支部委员会是党支部日常工作的领导机构。

党支部委员会会议一般每月召开 1 次，根据需要可以随时召开，对党支部重要工作进行讨论、作出决定等。党支部委员会会议须有半数以上委员到会方可进行。重要事项提交党员大会决定前，一般应当经党支部委员会会议讨论。

第十三条　党员人数较多或者党员工作地、居住地比较分散的党支部，按照便于组织开展活动原则，应当划分若干党小组，并设立党小组组长。党小组组长由党支部指定，也可以由所在党小组党员推荐产生。

党小组主要落实党支部工作要求，完成党支部安排的任务。

党小组会一般每月召开1次，组织党员参加政治学习、谈心谈话、开展批评和自我批评等。

第十四条　党支部党员大会、党支部委员会会议由党支部书记召集并主持。书记不能参加会议的，可以委托副书记或者委员召集并主持。党小组会由党小组组长召集并主持。

第五章　组织生活

第十五条　党支部应当严格执行党的组织生活制度，经常、认真、严肃地开展批评和自我批评，增强党内政治生活的政治性、时代性、原则性、战斗性。

党员领导干部应当带头参加所在党支部或者党小组组织生活。

第十六条　党支部应当组织党员按期参加党员大会、党小组会和上党课，定期召开党支部委员会会议。

"三会一课"应当突出政治学习和教育，突出党性锻炼，以"两学一做"为主要内容，结合党员思想和工作实际，确定主题和具体方式，做到形式多样、氛围庄重。

党课应当针对党员思想和工作实际，回应普遍关心的问题，注重身边人讲身边事，增强吸引力感染力。党员领导干部应当定期为基层党员讲党课，党委（党组）书记每年至少讲1次党课。

　　党支部每月相对固定 1 天开展主题党日，组织党员集中学习、过组织生活、进行民主议事和志愿服务等。主题党日开展前，党支部应当认真研究确定主题和内容；开展后，应当抓好议定事项的组织落实。

　　对经党组织同意可以不转接组织关系的党员，所在单位党组织可以将其纳入一个党支部或者党小组，参加组织生活。

　　第十七条　党支部每年至少召开 1 次组织生活会，一般安排在第四季度，也可以根据工作需要随时召开。组织生活会一般以党支部党员大会、党支部委员会会议或者党小组会形式召开。

　　组织生活会应当确定主题，会前认真学习，谈心谈话，听取意见；会上查摆问题，开展批评和自我批评，明确整改方向；会后制定整改措施，逐一整改落实。

　　第十八条　党支部一般每年开展 1 次民主评议党员，组织党员对照合格党员标准、对照入党誓词，联系个人实际进行党性分析。

　　党支部召开党员大会，按照个人自评、党员互评、民主测评的程序，组织党员进行评议。党员人数较多的党支部，个人自评和党员互评可以在党小组范围内进行。党支部委员会会议或者党员大会根据评议情况和党员日常表现情况，提出评定意见。

　　民主评议党员可以结合组织生活会一并进行。

　　第十九条　党支部应当经常开展谈心谈话。党支部委员之间、党支部委员和党员之间、党员和党员之间，每年谈心谈话一般不少于 1 次。谈心谈话应当坦诚相见、交流思想、交换意见、帮助提高。

　　党支部应当注重分析党员思想状况和心理状态。对家庭发生重大变故和出现重大困难、身心健康存在突出问题等情况的党员，党支部书记应当帮助做好心理疏导；对受到处分处置以及有不良反映的党员，党支部书记应当有针对性地做好思想政治工作。

第六章 党支部委员会建设

第二十条 有正式党员 7 人以上的党支部,应当设立党支部委员会。党支部委员会由 3 至 5 人组成,一般不超过 7 人。

党支部委员会设书记和组织委员、宣传委员、纪检委员等,必要时可以设 1 名副书记。

正式党员不足 7 人的党支部,设 1 名书记,必要时可以设 1 名副书记。

第二十一条 村、社区党支部委员会每届任期 5 年,其他基层单位党支部委员会一般每届任期 3 年。

党支部委员会由党支部党员大会选举产生,党支部书记、副书记一般由党支部委员会会议选举产生,不设委员会的党支部书记、副书记由党支部党员大会选举产生。选出的党支部委员,报上级党组织备案;党支部书记、副书记,报上级党组织批准。党支部书记、副书记、委员出现空缺,应当及时进行补选。确有必要时,上级党组织可以指派党支部书记或者副书记。

建立健全党支部按期换届提醒督促机制。根据党组织隶属关系和干部管理权限,上级党组织对任期届满的党支部,一般提前 6 个月以发函或者电话通知等形式,提醒做好换届准备。对需要延期或者提前换届的,应当认真审核、从严把关,延长或者提前期限一般不超过 1 年。

第二十二条 党支部书记主持党支部全面工作,督促党支部其他委员履行职责、发挥作用,抓好党支部委员会自身建设,向党支部委员会、党员大会和上级党组织报告工作。

党支部副书记协助党支部书记开展工作。党支部其他委员按照职责分工开展工作。

第二十三条 党支部书记应当具备良好政治素质,热爱党的工作，具有一定的政策理论水平、组织协调能力和群众工作本领，敢于担当、乐于奉献，带头发挥先锋模范作用，在党员、群众中有较高威信，一般应当具有 1 年以上党龄。

第二十四条　上级党组织应当结合不同领域实际，突出政治标准，按照组织程序，采取多种方式，选拔符合条件的优秀党员担任党支部书记。

村、社区应当注重从带富能力强的村民、复员退伍军人、经商务工人员、乡村教师、乡村医生、社会工作者、大学生村官、退休干部职工等群体中选拔党支部书记。对没有合适人选的，上级党组织可以跨地域或者从机关和企事业单位选派党支部书记。根据工作需要，上级党组织可以选派优秀干部到村、社区担任党支部第一书记，指导、帮助党支部书记开展工作，主要承担建强党支部、推动中心工作、为民办事服务、提升治理水平等职责任务。符合条件的村、社区党支部书记可以通过法定程序担任村民委员会、居民委员会主任。

机关、国有企业、事业单位，党支部书记一般由本部门本单位主要负责人担任，也可以由本部门本单位其他负责人担任。根据工作需要，上级党组织可以选派党员干部担任专职党支部书记。

非公有制经济组织、社会组织，一般从管理层中选任党支部书记，应当注重从业务骨干中选拔党支部书记。没有合适人选的，可以由上级党组织选派党支部书记。

加强党支部书记后备队伍建设，注意发现优秀党员作为党支部书记后备人才培养，建立村、社区等领域党支部书记后备人才库。

第二十五条　上级党组织应当经常对党支部书记、副书记和其他委员进行培训。

党支部书记培训纳入党员、干部教育培训规划，对新任党支部书记应当进行任职培训。中央组织部组织开展党支部书记示范培训，地方、行业、系统一般根据党组织隶属关系，分层分类开展党支部书记全员轮训。党支部书记每年应当至少参加 1 次县级以上党组织举办的集中轮训。注意统筹安排，防止频繁参训，确保党支部书记做好日常工作。

对党支部书记、副书记和其他委员的培训应当突出党的基本理论、基本政策、基本知识及党务工作基本要求，党的优良传统和作风，党规党纪等内容。注重发挥优秀党支部书记传帮带作用。

第二十六条 注重从优秀村、社区党支部书记中选拔乡镇和街道领导干部，考录公务员和招聘事业单位人员。

培养树立党支部书记先进典型，对优秀党支部书记给予表彰表扬。

第二十七条 党支部委员会成员应当自觉接受上级党组织和党员、群众监督，加强互相监督。

党支部书记每年应当向上级党组织和党支部党员大会述职，接受评议考核，考核结果作为评先评优、选拔使用的重要依据。

第二十八条 建立持续整顿软弱涣散党支部工作机制。对不适宜担任党支部书记、副书记和委员职务的，上级党组织应当及时作出调整。对存在换届选举拉票贿选、宗族宗教和黑恶势力干扰渗透等问题的，上级党组织应当及时严肃处理。

第七章　领导和保障

第二十九条 各级党委（党组）应当把党支部建设作为最重要的基本建设，定期研究讨论、加强领导指导，切实履行主体责任。县级党委每年至少专题研究 1 次党支部建设工作。

各级党委（党组）书记应当带头建立党支部工作联系点，带头深入基层调查研究，发现和解决问题，总结推广经验。

第三十条 党委组织部门应当经常对党支部建设情况进行分析研判，加强分类指导和督促检查，扩大先进党支部增量，提升中间党支部水平，整顿后进党支部。加强党支部标准化、规范化建设。基层党委一般应当配备专兼职组织员，加强对党支部建设的具体指导。

各级党委组织部门应当注意通过党支部了解掌握党员干部日常表现，干部考察应当听取考察对象所在党支部的意见。

村、社区党支部书记纳入县级党委组织部备案管理。

第三十一条　村、社区党支部工作纳入县级党委巡察监督工作内容。

第三十二条　抓党支部建设情况应当列入各级党委书记抓基层党建工作述职评议考核的重要内容，作为评判其履行管党治党政治责任情况的重要依据。对抓党支部建设不力、各项工作不落实的，上级党委及其组织部门应当进行约谈。对党支部建设出现严重问题，党员、群众反映强烈的，应当按照规定严肃问责。

第三十三条　各级党组织应当为党支部开展工作提供必要条件，给予经费保障。增强村、社区党支部运转经费保障能力，落实村、社区党支部书记报酬待遇，并根据当地经济发展水平建立正常增长机制。给予非公有制经济组织和社会组织党支部工作经费支持。加强村、社区和园区等领域基层党组织活动场所建设，积极运用现代技术和信息化手段，充分发挥办公议事、开展党的活动、提供便民服务等综合功能。

县级以上党委管理的党费每年应当按照一定比例下拨到党支部，重点支持贫困村党支部、困难国有企业党支部、非公有制经济组织和社会组织党支部、流动党员党支部、离退休干部职工党支部等开展党的活动。

第八章　附　　则

第三十四条　村、社区党的基层委员会、总支部委员会，按照本条例执行。

第三十五条 中央军事委员会可以根据本条例，制定相关规定。

第三十六条 本条例由中央组织部负责解释。

第三十七条 本条例自 2018 年 10 月 28 日起施行。其他有关党支部的规定与本条例不一致的，按照本条例执行。

二、《中国共产党党员教育管理工作条例》（2019 年）

第一章　总　则

第一条 为了深入学习贯彻习近平新时代中国特色社会主义思想，加强党员教育管理工作，提高党员队伍建设质量，保持党员队伍的先进性和纯洁性，根据《中国共产党章程》和有关党内法规，制定本条例。

第二条 党员教育管理是党的建设基础性经常性工作。党组织应当加强党员教育管理，引导党员坚定共产主义远大理想和中国特色社会主义共同理想，增强"四个意识"、坚定"四个自信"、做到"两个维护"，增强党性，提高素质，认真履行义务，正确行使权利，充分发挥先锋模范作用。

第三条 党员教育管理工作以马克思列宁主义、毛泽东思想、邓小平理论、"三个代表"重要思想、科学发展观、习近平新时代中国特色社会主义思想为指导，落实新时代党的建设总要求和新时代党的组织路线，坚持教育、管理、监督、服务相结合，推进"两学一做"学习教育常态化制度化，不断增强党员教育管理针对性和有效性，努力建设政治合格、执行纪律合格、品德合格、发挥作用合格的党员队伍。

第四条 党员教育管理工作遵循以下原则：

（一）坚持党要管党、全面从严治党，将严的要求落实到党员教育管理工作全过程和各方面，党员领导干部带头接受教育管理；

（二）坚持以党的政治建设为统领，突出党性教育和政治理论教育，引导党员遵守党章党规党纪，不忘初心、牢记使命；

（三）坚持围绕中心、服务大局，注重党员教育管理质量和实效，保证党的理论和路线方针政策、党中央决策部署贯彻落实；

（四）坚持从实际出发，加强分类指导，尊重党员主体地位，充分发挥党支部直接教育、管理、监督党员作用。

第二章　学习贯彻习近平新时代中国特色社会主义思想

第五条　把用习近平新时代中国特色社会主义思想武装全党作为党员教育管理的首要政治任务，引导党员充分认识学习贯彻习近平新时代中国特色社会主义思想的重大意义，自觉学懂弄通做实。

第六条　组织党员读原著、学原文、悟原理，深入学习领会习近平新时代中国特色社会主义思想的核心要义、基本精神、实践要求，掌握贯穿其中的马克思主义立场观点方法，增强政治自觉、理论自信、情感融入。建立以学习贯彻习近平新时代中国特色社会主义思想为中心内容的党员教育教材体系。

教育引导党员把学习习近平新时代中国特色社会主义思想同学习马克思列宁主义、毛泽东思想、邓小平理论、"三个代表"重要思想、科学发展观紧密结合起来，不断提高马克思主义思想觉悟和理论水平。

第七条　坚持集中教育和经常性教育相结合，组织培训和个人自学相结合，采取集中轮训、党委（党组）理论学习中心组学习、理论宣讲、组织生活、在线学习培训等方式，形成习近平新时代中国特色社会主义思想学习教育长效机制，推动党员学深悟透、入脑入心。

第八条　弘扬理论联系实际的马克思主义学风，引导党员把自己摆进去、把职责摆进去、把工作摆进去，学以致用、知行合一，提高政治站位，强化责任担当，增强过硬本领，做好本职工作，自觉做习近平新时代中国特色社会主义思想坚定信仰者和忠实实践者。

党员领导干部应当坚持更高标准、更严要求，全面学、系统学、贯通学、深入学、跟进学，自觉用以武装头脑、指导实践、推动工作，发挥示范带动作用。

第三章　党员教育基本任务

第九条　加强政治理论教育，突出党的创新理论学习，组织党员学习党的基本理论、基本路线、基本方略，学习马克思主义基本原理和党的基本知识，引导党员坚定理想信念，增强党性修养，努力掌握并自觉运用马克思主义立场观点方法。

第十条　突出政治教育和政治训练，严格党内政治生活锻炼，教育党员旗帜鲜明讲政治，提高政治觉悟和政治能力，严守政治纪律和政治规矩，永葆共产党人政治本色，做到"四个服从"，在思想上政治上行动上同以习近平同志为核心的党中央保持高度一致。

第十一条　强化党章党规党纪教育，引导党员牢记入党誓词，坚持合格党员标准，自觉遵守党的纪律，带头践行社会主义核心价值观，培养高尚道德情操，培育良好思想作风、学风、工作作风、生活作风和家风。加强宪法法律法规教育，引导党员尊法学法守法用法。

第十二条　加强党的宗旨教育，引导党员践行全心全意为人民服务的根本宗旨，贯彻党的群众路线，提高群众工作本领，密切联系服务群众。

第十三条　进行革命传统教育，引导党员学习党史、国史、改革开放史、社会主义发展史和中华优秀传统文化，铭记党的奋斗历程，弘扬党的优良传统，传承红色基因，践行共产党人价值观，激发爱国主义热情。

第十四条　开展形势政策教育，围绕贯彻执行党和国家重大决策、推进落实重大任务，宣讲党的路线方针政策，解读世情国情党情，回应党员关注的问题，引导党员正确认识形势，把思想和行动统一到党中央要求上来。

第十五条　注重知识技能教育，根据党员岗位职责要求和工作需要，组织引导党员学习掌握业务知识、科技知识、实用技术等，帮助党员提高综合素质和履职能力，增强服务本领。

第四章　党员日常教育管理主要方式

第十六条　党支部应当运用"三会一课"制度，对党员进行经常性的教育管理。党员应当按期参加党员大会、党小组会和上党课，进行学习交流，汇报思想、工作等情况。党员领导干部应当参加双重组织生活。

党支部应当每月开展1次主题党日，贴近党员思想和工作实际，组织党员集中学习、过组织生活、进行民主议事和开展志愿服务等。

党员应当按期交纳党费。党组织应当做好党费收缴、使用和管理工作。

第十七条　党支部每年至少召开1次组织生活会，也可以根据工作需要随时召开，一般以党员大会、党支部委员会会议或者党小组会形式进行。

第十八条　党支部一般每年开展1次民主评议党员。党支部召开党员大会，按照个人自评、党员互评、民主测评的程序，组织党员进行评议。党支部委员会会议或者党员大会根据评议情况和党员日常表现情况，提出评定意见。

民主评议党员可以结合组织生活会一并进行。

第十九条　基层党组织应当注重分析党员思想状况和心理状态，党组织负责人应当经常同党员谈心谈话，有针对性地做好思想政治工作。

第二十条 市、县党委或者基层党委每年应当组织党员集中轮训，主要依托县级党校（行政学校）、基层党校等进行。根据事业发展和党的建设重点任务，结合本地区本部门本单位中心工作和党员实际，确定培训内容和方式。党员每年集中学习培训时间一般不少于32学时。

第二十一条 党组织应当按照党中央部署要求，组织党员认真参加党内集中学习教育，引导党员围绕学习教育主题，深入学习党的创新理论，查找解决自身存在的突出问题。

省级党委、行业系统党组织可以根据党员思想状况和党的建设需要，适时开展专题学习教育。

第二十二条 党组织应当充分发挥党员的先锋模范作用，结合不同群体党员实际，通过树立、学习身边的榜样，设立党员示范岗、党员责任区，开展设岗定责、承诺践诺等，引导党员做好本职工作，干在实处、走在前列，创先争优，在联系服务群众、完成重大任务中勇于担当作为，做到平常时候看得出来、关键时刻站得出来、危急关头豁得出来。

鼓励和引导党员参与志愿服务。党员应当积极参加党组织开展的志愿服务活动，也可以自行开展志愿服务活动。

第二十三条 党组织应当坚持从严教育管理和热情关心爱护相统一，从政治、思想、工作、生活上激励关怀帮扶党员。

针对老党员的身体、居住和家庭等实际情况，采取灵活方式，进行教育管理服务，组织他们参加党的组织生活，发挥力所能及的作用。对年老体弱、行动不便、身患重病甚至失能的党员，组织活动和开展学习教育不作硬性要求，党组织通过送学上门、走访慰问等方式，给予更多关心照顾。

第五章　党籍和党员组织关系管理

第二十四条　经党支部党员大会通过、基层党委审批接收的预备党员，自通过之日起，即取得党籍。

对因私出国并在国外长期定居的党员，出国学习研究超过5年仍未返回的党员，一般予以停止党籍。停止党籍的决定由保留其组织关系的党组织按照有关规定作出。

对与党组织失去联系6个月以上、通过各种方式查找仍然没有取得联系的党员，予以停止党籍。停止党籍的决定由所在党支部或者上级党组织按照有关规定作出。停止党籍2年后确实无法取得联系的，按照自行脱党予以除名。

对停止党籍的党员，符合条件的，可以按照规定程序恢复党籍。对劝其退党、劝而不退除名、自行脱党除名、退党除名、开除党籍的，原则上不能恢复党籍，符合条件的可以重新入党。

第二十五条　党员组织关系是指党员对党的基层组织的隶属关系。

每个党员都必须编入党的一个支部、小组或者其他特定组织。有固定工作单位并且单位已经建立党组织的党员，一般编入其所在单位党组织。没有固定工作单位，或者单位未建立党组织的党员，一般编入其经常居住地或者公共就业和人才服务机构、园区、楼宇等党组织。

党员工作单位、经常居住地发生变动的，或者外出学习、工作、生活6个月以上并且地点相对固定的，应当转移组织关系。具有审批预备党员权限的基层党委，可以在全国范围直接相互转移和接收党员组织关系。党组织接收党员组织关系时，如有必要，可以采取适当方式查核党员档案。对组织关系转出但尚未被接收的党员，原所在党组织仍然负有管理责任。党组织不得无故拒转拒接党员组织关系。

第二十六条 对没有人事档案的党员，应当由具有审批预备党员权限的基层党委建立党员档案，由所在党委或者县级以上党委组织部门保存。

有条件的地方，实行党员档案电子化管理。

第六章 党员监督和组织处置

第二十七条 党组织应当通过严格组织生活、听取群众意见、检查党员工作等多种方式，监督党员遵守党章党规党纪特别是政治纪律和政治规矩情况，遵守宪法法律法规和道德规范情况，参加组织生活情况，履行党员义务、联系服务群众、发挥先锋模范作用情况等。

第二十八条 发现党员有思想、工作、生活、作风和纪律方面苗头性倾向性问题的，以及群众对其有不良反映的，党组织负责人应当及时进行提醒谈话，抓早抓小、防微杜渐。

第二十九条 对党员不按照规定参加党的组织生活、不按时交纳党费、流动到外地工作生活不与党组织主动保持联系的，以及存在其他与党的要求不相符合的行为、情节较轻的，党组织应当采取适当方式及时进行批评教育，帮助其改进提高。

第三十条 对缺乏革命意志，不履行党员义务，不符合党员条件，但本人能够正确认识错误、愿意接受教育管理并且决心改正的党员，党组织应当作出限期改正处置，限期改正时间不超过1年。对给予限期改正处置的党员应当采取帮助教育措施。

第三十一条 党员具有下列情形之一的，按照规定程序给予除名处置：

（一）理想信念缺失，政治立场动摇，已经丧失党员条件的，予以除名；

（二）信仰宗教，经党组织帮助教育仍没有转变的，劝其退党，劝而不退的予以除名；

（三）因思想蜕化提出退党，经教育后仍然坚持退党的，予以除名；

（四）为了达到个人目的以退党相要挟，经教育不改的，劝其退党，劝而不退的予以除名；

（五）限期改正期满后仍无转变的，劝其退党，劝而不退的予以除名；

（六）没有正当理由，连续 6 个月不参加党的组织生活，或者不交纳党费，或者不做党所分配的工作，按照自行脱党予以除名。

对违犯党纪的党员，按照《中国共产党纪律处分条例》规定给予党纪处分。

第七章　流动党员管理

第三十二条　基层党组织应当加强流动党员管理，对外出 6 个月以上并且没有转移组织关系的流动党员，应当保持经常联系，跟进做好教育培训、管理服务等工作。在流动党员相对集中的地方，流出地党组织可以依托园区、商会、行业协会、驻外地办事机构等成立流动党员党组织。

流入地党组织应当协助做好流动党员日常管理。按照组织关系一方隶属、参加多重组织生活的方式，组织流动党员就近就便参加组织生活。乡镇、街道、村、社区、园区等党群服务中心应当向流动党员开放。流动党员可以在流入地党组织或者流动党员党组织参加民主评议。

对具备转移组织关系条件的流动党员，流出地和流入地党组织应当衔接做好转接工作。

第三十三条　农村党支部应当明确专人负责同流动党员保持联系。乡镇党委应当掌握流动党员基本情况，指导督促党支部加强日常教育管理。利用流动党员集中返乡等时机，组织其参加组织生活或者教育培训。对政治素质较好、有致富带富能力的流动党员，应当及时纳入村后备力量培养。

城市社区党组织对异地居住的流动党员，引导其向居住地党组织报到，自觉参加居住地党组织的活动，接受党组织管理。对在异地定居的党员，引导和帮助其及时转移组织关系。

公共就业和人才服务机构党组织应当建立健全流动人才党员党组织，理顺流动人才党员组织关系，加强和改进流动人才党员日常教育管理。

第三十四条　高校党组织对组织关系保留在学校的高校毕业生流动党员，应当继续履行管理职责。党员组织关系保留时间一般不超过2年，对符合转出组织关系条件的及时转出。

对出国（境）学习研究党员，由原就读高校或者工作单位党组织保留其组织关系，每半年至少与其联系1次。出国（境）学习研究党员返回后按照规定恢复组织生活。

第八章　党员教育管理信息化

第三十五条　适应时代发展要求，充分运用互联网技术和信息化手段，改进党员教育管理工作，推进基层党建传统优势与信息技术深度融合，不断提高党员教育管理现代化水平。

第三十六条　统筹规划、整合资源，健全党员信息库，加强全国党员管理信息系统建设，推动党员干部现代远程教育和党员电化教育创新发展，推进党员教育管理网站、移动客户端等平台一体化建设，建立党性教育基地网上平台，打造党务、政务、服务有机融合的网络阵地。

第三十七条　坚持网上和网下相结合，依托党员教育管理信息化平台，开展党员信息管理、党组织活动指导管理、流动党员管理服务、发展党员管理和党费管理等业务应用，为党员提供在线学习培训、转接组织关系、参与党内事务和关怀帮扶等服务。

注重利用信息数据，对党员队伍状况和党员教育管理工作进行实时分析研判，及时发现问题，不断改进工作。

第三十八条　党员应当主动学网用网，依托各类党员教育管理信息化平台，积极参加在线学习培训，认真参加党组织的活动，自觉接受党组织的教育管理。通过网络向群众宣传党的理论和路线方针政策，听取群众意见，联系服务群众。

党组织应当教育引导党员严格规范网络行为，敢于同网上错误言论作斗争，不得制作、发布、传播违反党的纪律规定和国家法律法规的信息内容。

第九章　组织领导和工作保障

第三十九条　在党中央领导下，由中央组织部牵头，中央纪委国家监委机关、中央宣传部、中央党校（国家行政学院）、中央和国家机关工委、教育部党组、国务院国资委党委等参加，建立全国党员教育管理工作协调小组，负责全国党员教育管理工作的规划部署、组织协调和检查指导，协调小组办公室设在中央组织部。省、自治区、直辖市党委应当建立党员教育管理工作协调机构。建立健全党员教育管理工作协调机构运行机制，充分发挥职能作用。

中央组织部主要负责党员教育管理工作统筹协调，抓好党员集中教育和经常性教育的组织安排，加强对党员教育管理工作的具体指导。

中央纪委国家监委机关主要负责党员纪律作风教育，指导开展党员监督，查处党员违犯党的纪律和职务违法、职务犯罪行为。

中央宣传部主要负责党员政治理论教育、形势政策教育，指导协调编写党员教育教材，组织党员先进典型的学习宣传。

中央党校（国家行政学院）主要负责党员领导干部培训，指导地方党校（行政学院）将党员教育培训列入教学计划，保证课时和教学质量。

中央和国家机关工委主要负责指导中央和国家机关各级党组织做好党员教育管理工作。

教育部党组主要负责宏观指导高等学校党员教育管理工作。

国务院国资委党委主要负责所监管企业党员教育管理工作。

地方各级党委组织部和纪检监察机关、党委宣传部、党校（行政学院）、机关工委、教育工委、国资委党委等，分别按照职能职责，承担党员教育管理工作任务。

第四十条　地方各级党委和部门单位党组（党委）领导本地区本部门本单位党员教育管理工作，贯彻执行党中央关于党员教育管理工作的方针政策和部署要求，定期研究党员教育管理工作，分析党员队伍状况，有针对性地提出工作措施。

基层党委履行抓党员教育管理的基本职责，推动落实上级党组织工作安排，组织做好党员集中培训、组织关系管理、表彰激励、关怀帮扶、组织处置、纪律处分等工作，指导所辖党支部做好党员日常教育管理工作。党支部按照党章和党内有关规定，履行相关工作职责。党小组应当落实党支部关于党员教育管理工作的要求和任务。

第四十一条　乡镇、街道、国有企业、高等学校等基层党委，按照规定配备一定数量的专兼职组织员，由县级以上党委组织部门进行业务指导和管理，承担指导督促发展党员和党员教育管理等工作。

实行党员教育讲师聘任制，县级以上党委从优秀党校教师、基层党组织书记、先进模范人物、党务工作者、专家学者、实用技术人才、离退休干部等人员中选聘党员教育讲师。

加强县级党校（行政学校）和基层党校建设。县级党校（行政学校）应当将党员集中培训作为重要任务。有计划地组织安排党员教育讲师到基层授课。注重发挥党群服务中心、党员干部教育培训基地、新时代文明实践中心的作用。

加强全国党员教育培训教材建设规划，组织编写全国党员教育基本教材。各地区各部门各单位可以结合实际，开发各具特色、务实管用的党员教育教材。

第四十二条　党员教育管理工作经费应当列入地方各级财政预算，结合实际按照党员数量划拨，重点保障农村、社区、非公有制经济组织和社会组织、公共就业和人才服务机构等基层党组织开展党员教育管理，形成稳定的经费保障机制。各级党委留存的党费主要用于教育培训党员、支持基层党组织开展组织生活。加强对革命老区、民族地区、边疆地区、贫困地区党员教育管理工作经费支持。

第四十三条　各级党委各党组应当加强对党员教育管理工作的检查考核。基层党委每年把党员教育管理工作情况作为向上级党组织报告工作的重要内容。在基层党建工作述职评议考核中，对党组织负责人抓党员教育管理工作情况作出评价。上级党组织在开展年度考核和任期考核中，应当考核检查下级党组织党员教育管理工作情况。

对在党员教育管理工作中失职失责的，按照有关规定予以问责追责。

第十章　附　　则

第四十四条　中国人民解放军和中国人民武装警察部队党员教育管理工作规定，由中央军事委员会根据本条例制定。

第四十五条　本条例由中央组织部负责解释。

第四十六条　本条例自 2019 年 5 月 6 日起施行。

三、《中国共产党农村基层组织
工作条例》（2018 年）

第一章　总　　则

第一条　农村工作在党和国家事业全局中具有重要战略地位，是全党工作的重中之重。为了认真贯彻落实新时代党的建设总要求和新时代党的组织路线，坚持和加强党对农村工作的全面领导，深入实施乡村振兴战略，推动全面从严治党向基层延伸，提高党的农村基层组织建设质量，为新时代乡村全面振兴提供坚强政治和组织保证，根据《中国共产党章程》，制定本条例。

第二条　乡镇党的委员会（以下简称乡镇党委）和村党组织（村指行政村）是党在农村的基层组织，是党在农村全部工作和战斗力的基础，全面领导乡镇、村的各类组织和各项工作。必须坚持党的农村基层组织领导地位不动摇。

第三条　党的农村基层组织必须高举中国特色社会主义伟大旗帜，坚持以马克思列宁主义、毛泽东思想、邓小平理论、"三个代表"重要思想、科学发展观、习近平新时代中国特色社会主义思想为指导，坚决维护习近平总书记党中央的核心、全党的核心地位，坚决维护党中央权威和集中统一领导，牢固树立"四个意识"，坚定"四个自信"，做到"四个服从"，坚持党要管党、全面从严治党，以提升组织力为重点，突出政治功能，努力成为宣传党的主张、贯彻党的决定、领导基层治理、团结动员群众、推动改革发展的坚强战斗堡垒。

第二章　组织设置

第四条　乡镇应当设立党的基层委员会。乡镇党委每届任期 5

年，由党员大会或者党员代表大会选举产生。

第五条　以村为基本单元设置党组织。有正式党员 3 人以上的村，应当成立党支部；不足 3 人的，可以与邻近村联合成立党支部。党员人数超过 50 人的村，或者党员人数虽不足 50 人、确因工作需要的村，可以成立党的总支部。党员人数 100 人以上的村，根据工作需要，经县级地方党委批准，可以成立党的基层委员会，下设若干党支部；村党的委员会受乡镇党委领导。

村党的委员会、总支部委员会、支部委员会每届任期 5 年，由党员大会选举产生。党员人数 500 人以上的村党的委员会，经乡镇党委批准，可以由党员代表大会选举产生。

第六条　县以上有关部门驻乡镇的单位，应当根据党员人数和工作需要成立党的基层组织。这些党组织，除党中央另有规定的以外，受乡镇党委领导。

第七条　农村经济组织、社会组织具备单独成立党组织条件的，根据工作需要，可以成立党组织，一般由所在村党组织或者乡镇党委领导。在跨村跨乡镇的经济组织、社会组织中成立的党组织，由批准其成立的上级党组织或者县级党委组织部门确定隶属关系。

村改社区应当同步调整或者成立党组织。

村及以下成立或者撤销党组织，必须经乡镇党委或者以上党组织批准。

第八条　乡镇党委一般设委员 7 至 9 名，其中书记 1 名、副书记 2 至 3 名，应当设组织委员、宣传委员，纪委书记由党委委员兼任。党委委员按照乡镇领导职务配备，应当进行合理分工，保证各项工作有人负责。

村党的支部委员会一般设委员 3 至 5 名，其中书记 1 名，必要时可以设副书记 1 名；正式党员不足 7 人的支部，不设支部委员会。村党的总支部委员会一般设委员 5 至 7 名，其中书记 1 名、副书记 1

名、纪检委员1名。村党的委员会一般设委员5至7名，最多不超过9名，其中书记1名、副书记1至2名、纪委书记1名。

第三章　职责任务

第九条　乡镇党委的主要职责是：

（一）宣传和贯彻执行党的路线方针政策和党中央、上级党组织及本乡镇党员代表大会（党员大会）的决议。

（二）讨论和决定本乡镇经济建设、政治建设、文化建设、社会建设、生态文明建设和党的建设以及乡村振兴中的重大问题。需由乡镇政权机关或者集体经济组织决定的重要事项，经乡镇党委研究讨论后，由乡镇政权机关或者集体经济组织依照法律和有关规定作出决定。

（三）领导乡镇政权机关、群团组织和其他各类组织，加强指导和规范，支持和保证这些机关和组织依照国家法律法规以及各自章程履行职责。

（四）加强乡镇党委自身建设和村党组织建设，以及其他隶属乡镇党委的党组织建设，抓好发展党员工作，加强党员队伍建设。维护和执行党的纪律，监督党员干部和其他任何工作人员严格遵守国家法律法规。

（五）按照干部管理权限，负责对干部的教育、培训、选拔、考核和监督工作。协助管理上级有关部门驻乡镇单位的干部。做好人才服务和引进工作。

（六）领导本乡镇的基层治理，加强社会主义民主法治建设和精神文明建设，加强社会治安综合治理，做好生态环保、美丽乡村建设、民生保障、脱贫致富、民族宗教等工作。

第十条　村党组织的主要职责是：

（一）宣传和贯彻执行党的路线方针政策和党中央、上级党组织及本村党员大会（党员代表大会）的决议。

（二）讨论和决定本村经济建设、政治建设、文化建设、社会建设、生态文明建设和党的建设以及乡村振兴中的重要问题并及时向乡镇党委报告。需由村民委员会提请村民会议、村民代表会议决定的事情或者集体经济组织决定的重要事项，经村党组织研究讨论后，由村民会议、村民代表会议或者集体经济组织依照法律和有关规定作出决定。

（三）领导和推进村级民主选举、民主决策、民主管理、民主监督，推进农村基层协商，支持和保障村民依法开展自治活动。领导村民委员会以及村务监督委员会、村集体经济组织、群团组织和其他经济组织、社会组织，加强指导和规范，支持和保证这些组织依照国家法律法规以及各自章程履行职责。

（四）加强村党组织自身建设，严格组织生活，对党员进行教育、管理、监督和服务。负责对要求入党的积极分子进行教育和培养，做好发展党员工作。维护和执行党的纪律。加强对村、组干部和经济组织、社会组织负责人的教育、管理和监督，培养村级后备力量。做好本村招才引智等工作。

（五）组织群众、宣传群众、凝聚群众、服务群众，经常了解群众的批评和意见，维护群众正当权利和利益，加强对群众的教育引导，做好群众思想政治工作。

（六）领导本村的社会治理，做好本村的社会主义精神文明建设、法治宣传教育、社会治安综合治理、生态环保、美丽村庄建设、民生保障、脱贫致富、民族宗教等工作。

第十一条　党员人数较多的村党支部，可以划分若干党小组。党小组在支部委员会领导下开展工作，组织党员学习和参加组织生活，检查党员履行义务、行使权利和执行支部委员会、党员大会决议的情况，反映党员、群众的意见。

第四章　经济建设

第十二条　党的农村基层组织应当加强对经济工作的领导，坚持以经济建设为中心，贯彻创新、协调、绿色、开放、共享的发展理念，加快推进农业农村现代化，持续增加农民收入，不断满足群众对美好生活的需要。具体任务包括：

（一）坚持以公有制为主体、多种所有制经济共同发展的基本经济制度，巩固和完善农村基本经营制度，坚持农村土地集体所有，坚持家庭经营基础性地位，坚持稳定土地承包关系，走共同富裕之路。

（二）稳定发展粮食生产，发展多种经营应当同支持和促进粮食生产相结合。

（三）推动乡村产业振兴，推进农村一二三产业融合发展，让农民合理分享全产业链增值收益。

（四）坚持绿水青山就是金山银山理念，实现农业农村绿色发展、可持续发展。

（五）领导制定本地经济发展规划，组织、动员各方面力量保证规划实施。

（六）组织党员、群众学习农业科学技术知识，运用科技发展经济。吸引各类人才到农村创业创新。

第十三条　党的农村基层组织应当动员和带领群众全力打赢脱贫攻坚战，如期实现脱贫目标，巩固发展脱贫攻坚成果、防止返贫，组织发展乡村致富产业，推动农民就业创业，教育引导农民既"富口袋"又"富脑袋"，依靠自己的辛勤劳动创造幸福美好生活。

第十四条　党的农村基层组织应当因地制宜推动发展壮大集体经济，领导和支持集体经济组织管理集体资产，协调利益关系，组织生产服务和集体资源合理开发，确保集体资产保值增值，确保农民受益。

第五章　精神文明建设

第十五条　党的农村基层组织应当组织群众学习习近平新时代中国特色社会主义思想，培育和践行社会主义核心价值观，开展中国特色社会主义和实现中华民族伟大复兴的中国梦宣传教育，爱国主义、集体主义和社会主义教育，党的路线方针政策教育，思想道德和民主法治教育，引导农民正确处理国家、集体、个人三者之间的利益关系，培养有理想、有道德、有文化、有纪律的新型农民。

党的农村基层组织应当加强群众培训，通过新时代文明实践中心（所、站）、农民夜校等渠道，深入宣传教育群众，用中国特色社会主义文化、社会主义思想道德牢牢占领农村思想文化阵地。

第十六条　党的农村基层组织应当改善农村人居环境，倡导文明健康生活方式。传承发展提升农村优秀传统文化，保护传统村落，加强农村文化设施建设，开展健康有益的文体活动。改善办学条件，普及义务教育。开展文明村镇、文明家庭创建活动，破除封建迷信和陈规陋习，推进移风易俗，弘扬时代新风。

第十七条　党的农村基层组织应当加强和改进思想政治工作。宣传党组织和党员先进事迹，宣传好人好事，弘扬真善美，传播正能量。了解群众思想状况，帮助解决实际困难，引导群众自觉听党话、感党恩、跟党走。

第十八条　党的农村基层组织应当加强对党员、群众的无神论宣传教育，引导党员、群众自觉抵制腐朽落后文化侵蚀，弘扬科学精神，普及科学知识。做好农村宗教工作，加强对信教群众的工作，管理好宗教活动场所，依法制止利用宗教干涉农村公共事务，坚决抵御非法宗教活动和境外渗透活动。必须在意识形态上站稳立场，旗帜鲜明反对各种错误观点，同一切歪风邪气、违法犯罪行为作斗争。

第六章　乡村治理

第十九条　党的农村基层组织应当加强对各类组织的统一领导，打造充满活力、和谐有序的善治乡村，形成共建共治共享的乡村治理格局。

村党组织书记应当通过法定程序担任村民委员会主任和村级集体经济组织、合作经济组织负责人，村"两委"班子成员应当交叉任职。村务监督委员会主任一般由党员担任，可以由非村民委员会成员的村党组织班子成员兼任。村民委员会成员、村民代表中党员应当占一定比例。

村级重大事项决策实行"四议两公开"，即村党组织提议、村"两委"会议商议、党员大会审议、村民会议或者村民代表会议决议，决议公开、实施结果公开。

第二十条　党的农村基层组织应当健全党组织领导的自治、法治、德治相结合的乡村治理体系。深化村民自治实践，制定完善村规民约，建立健全村务监督委员会，加强村级民主监督。推广新时代"枫桥经验"，推进乡村法治建设，提升乡村德治水平，建设平安乡村。

依法严厉打击农村黑恶势力、宗族恶势力、宗教极端势力、"村霸"，严防其侵蚀基层干部和基层政权。坚决惩治黑恶势力"保护伞"。

第二十一条　党的农村基层组织应当加强农村生态文明建设，组织党员、群众参与山水林田湖草系统治理，加强污染防治，保护生态环境，建设美丽乡村。

第二十二条　党的农村基层组织应当保障和改善民生，努力解决入园入托、上学、就业、看病、养老、居住、出行、饮水等群众最关心最直接最现实的利益问题，加强对贫困人口、留守儿童和妇女、老年人、残疾人、"五保户"等人群的关爱服务。投放农村的公共服务资源，应当以乡镇、村党组织为主渠道落实，保证有资源、有能力为群众服务。

注重运用现代信息技术，提升乡村治理智能化水平。

第七章　领导班子和干部队伍建设

第二十三条　农村基层干部应当认真学习和忠实践行习近平新时代中国特色社会主义思想，学习党的基本理论、基本路线、基本方略，学习必备知识技能。懂农业，掌握"三农"政策，熟悉农村情况，有能力、有措施、有办法解决实际问题；爱农村，扎根农村基层，安身安心安业，甘于奉献、苦干实干；爱农民，对农民群众充满感情、始终放在心上，把农民群众的利益摆在第一位，与农民群众想在一起、干在一起，不断创造美好生活。

各级党组织应当注重加强农村基层干部教育培训，不断提高素质。县级党委每年至少对村党组织书记培训 1 次。

第二十四条　加强农村基层干部队伍作风建设。坚持实事求是，不准虚假浮夸；坚持依法办事，不准违法乱纪；坚持艰苦奋斗，不准奢侈浪费；坚持说服教育，不准强迫命令；坚持廉洁奉公，不准以权谋私。坚决反对形式主义、官僚主义、享乐主义和奢靡之风。

严格农村基层干部管理监督，坚决纠正损害群众利益行为，严厉整治群众身边腐败问题。

第二十五条　乡镇党委领导班子应当由信念坚定、为民服务、勤政务实、敢于担当、清正廉洁，善于结合实际开展工作的党员干部组成。乡镇党委书记还应当具备一定的理论和政策水平，坚持依法办事，具有较强的组织协调能力、群众工作能力、处理农村复杂问题的能力，熟悉党务工作和"三农"工作，带头实干、敢抓敢管。

注重从优秀村党组织书记、选调生、大学生村官、乡镇事业编制人员中选拔乡镇领导干部，从优秀村党组织书记中考录乡镇公务员、招聘乡镇事业编制人员。重视发现培养选拔优秀年轻干部、女干部和少数民族干部。

第二十六条 村党组织领导班子应当由思想政治素质好、道德品行好、带富能力强、协调能力强，公道正派、廉洁自律，热心为群众服务的党员组成。村党组织书记还应当具备一定的政策水平，坚持依法办事，善于做群众工作，甘于奉献、敢闯敢拼。

村党组织书记应当注重从本村致富能手、外出务工经商返乡人员、本乡本土大学毕业生、退役军人中的党员培养选拔。每个村应当储备村级后备力量。

村党组织书记由县级党委组织部门备案管理。

根据工作需要，上级党组织可以向村党组织选派第一书记。

第二十七条 党的农村基层组织领导班子应当坚定执行党的政治路线。始终在政治立场、政治方向、政治原则、政治道路上同以习近平同志为核心的党中央保持高度一致，组织推进农村深化改革，促进各项事业发展，维护社会和谐稳定，不断增强群众获得感、幸福感、安全感。

第二十八条 党的农村基层组织领导班子应当贯彻党的思想路线。反映情况、安排工作、决定事项必须实事求是，一切从实际出发，说实话、办实事、求实效。

第二十九条 党的农村基层组织领导班子应当贯彻新时代党的组织路线。全面加强农村基层组织体系建设，建强战斗堡垒，把党员组织起来，把人才凝聚起来，把群众动员起来，合力推动新时代乡村全面振兴。

第三十条 党的农村基层组织领导班子应当贯彻党的群众路线。决定重大事项要同群众商量，布置工作任务要向群众讲清道理；经常听取群众意见，不断改进工作；关心群众生产生活，维护群众的合法权益，切实减轻群众负担。

第三十一条　党的农村基层组织领导班子应当贯彻党的民主集中制，认真执行集体领导和个人分工负责相结合的制度。凡属重要问题，必须经过集体讨论决定，不允许个人或者少数人说了算。书记应当有民主作风，善于发挥每个委员的作用，敢于负责。委员应当积极参与和维护集体领导，主动做好分工负责的工作。

第三十二条　乡镇党委领导班子每年至少召开1次民主生活会，村党组织领导班子每年至少召开1次组织生活会，严肃认真地开展批评和自我批评，接受党员、群众的监督。

第八章　党员队伍建设

第三十三条　党的农村基层组织应当组织党员认真学习和忠实践行习近平新时代中国特色社会主义思想，推进"两学一做"学习教育常态化制度化，认真开展党内主题教育活动，学习党的基本理论、基本路线、基本方略，学习形势政策、科学文化、市场经济、党内法规和国家法律法规等知识。

县、乡两级党委应当加强农村党员教育培训，建好用好乡镇党校、党员活动室，注重运用现代信息技术开展党员教育。乡镇党委每年至少对全体党员分期分批集中培训1次。

第三十四条　党的农村基层组织应当严格党的组织生活。坚持"三会一课"制度，村党组织应当以党支部为单位，每月相对固定1天开展主题党日，组织党员学习党的文件、上党课，开展民主议事、志愿服务等，突出党性锻炼，防止表面化、形式化。党员领导干部应当定期为基层党员讲党课。

党支部应当经常开展谈心谈话。

第三十五条　党的农村基层组织应当坚持和完善民主评议党员制度。对优秀党员，进行表彰表扬；对不合格党员，加强教育帮助，依照有关规定，分别给予限期改正、劝其退党、党内除名等组织处置。

第三十六条　党的农村基层组织应当教育和监督党员履行义务，尊重和保障党员的各项权利。推进党务公开，使党员对党内事务有更多的了解和参与。

第三十七条　党的农村基层组织应当加强和改进流动党员教育管理。流入地党组织应当及时将外来党员编入党的支部和小组，组织他们参加组织生活和党的活动。流出地党组织应当加强对外出党员的经常联系，可以在外出党员相对集中的地方建立流动党员党组织。

流动党员每半年至少向流出地党组织汇报1次在外情况。

第三十八条　党的农村基层组织应当严格执行党的纪律。经常对党员进行遵纪守法教育。党员违犯党的纪律，应当及时教育或者处理，问题严重的应当向上级党组织报告。对于受到党的纪律处分的，应当加强教育，帮助其改正错误。

第三十九条　党的农村基层组织应当按照控制总量、优化结构、提高质量、发挥作用的总要求和有关规定，把政治标准放在首位，做好发展党员工作。注重从青年农民、农村外出务工人员中发展党员，注意吸收妇女入党。

村级党组织发展党员必须经过乡镇党委审批。

第四十条　农村党员应当在社会主义物质文明建设和精神文明建设中发挥先锋模范作用，带头投身乡村振兴，带领群众共同致富。

党的农村基层组织应当组织开展党员联系农户、党员户挂牌、承诺践诺、设岗定责等活动，给党员分配适当的社会工作和群众工作，为党员发挥作用创造条件。

第九章　领导和保障

第四十一条　各级党委特别是县级党委应当高度重视党的农村基层组织建设，认真履行主体责任。

党的农村基层组织建设情况应当作为市县乡党委书记抓基层党建

述职评议考核的重要内容，纳入巡视巡察工作内容，作为领导班子综合评价和领导干部选拔任用的重要依据。县级党委组织部门应当以足够精力抓好党的农村基层组织建设。

对党的农村基层组织建设重视不够、落实不力的，应当及时提醒、约谈；出现严重问题的，应当严肃问责追责。督促抓好问题的整改落实。

第四十二条　各级党委特别是县级党委应当坚持抓乡促村，持续加强基本队伍、基本活动、基本阵地、基本制度、基本保障建设，整顿软弱涣散村党组织，整乡推进、整县提升。

乡镇党委应当全面落实抓村级组织建设的直接责任。乡镇党委书记和党委领导班子其他成员应当包村联户，经常沉下去摸情况、查问题，及时研究解决。

第四十三条　乡镇工作机构设置和人员配备，应当坚持加强服务、密切联系群众、治理重心下移的原则，构建权责相称、简约高效的基层管理体制，保证乡镇工作力量。乡镇应当设立党建工作办公室或者党建工作站，配备专职组织员，配强党务力量。加强乡镇小食堂、小厕所、小澡堂、小图书室、小文体活动室和周转房建设，改善乡镇干部工作和生活条件。

第四十四条　各级党委应当健全以财政投入为主的稳定的村级组织运转经费保障制度，建立正常增长机制。落实村干部基本报酬，发放人数和标准应当依据有关规定、从实际出发合理确定，保障正常离任村干部生活补贴。落实村级组织办公经费、服务群众经费、党员活动经费。建好管好用好村级组织活动场所，整合利用各类资源，规范标识、挂牌，发挥"一室多用"的综合功能，服务凝聚群众，教育引导群众。

第四十五条　各级党组织应当满怀热情关心关爱农村基层干部和党员，政治上激励、工作上支持、待遇上保障、心理上关怀，宣传表彰优秀农村基层干部先进典型，彰显榜样力量，激励新担当新作为。

第十章 附 则

第四十六条 省、自治区、直辖市党委可以根据本条例，结合本地区情况制定实施办法。

第四十七条 本条例由中共中央组织部负责解释。

第四十八条 本条例自 2018 年 12 月 28 日起施行。1999 年 2 月 13 日中共中央印发的《中国共产党农村基层组织工作条例》同时废止。

四、"三会一课"常用文书范例

三会一课会议记录

A. 党支部会议记录范例

支委会

会议类别：支委会

时　　间：××××年××月××日××时

地　　点：××××

参加人员：××××

列席人员：×××（如有其他支部成员，请注明）

缺席人员：××××…………（注明原因）

主持人：××××…………

记录人：××××…………

会议议题：××××…………

会议内容：××××……

一、学习××××××××××

二、讨论×××××××××

三、研究×××××××××

四、支部讨论研究，决定什么×××××××××××

（以上四点根据学习实际情况而定）

B. 支部党员大会记录范例

支部党员大会

会议类别：党员大会

时　　间：××××年××月××日××时

地　　点：××××

参加人员：××××

列席人员：×××（如有其他支部成员，请注明）

缺席人员：××××…………（注明原因）

主持人：××××…………

记录人：××××…………

会议议题：××××…………

会议内容：××××………

今天我们召开党员大会，我支部共有×名，参加会议党员（　）名，符合规定要求，可以开会。这次会议的议程有：

一、学习×××××××××

二、讨论×××××××××

三、研究×××××××××

四、传达上级×××××××××

（以上四点根据学习实际情况而定）

C. 支部党小组会议记录范例

支部党小组会

会议类别：党小组会

时　　间：××××年××月××日××时

地　　点：××××

参加人员：××××

列席人员：×××（如有其他支部成员，请注明）

缺席人员：××××…………（注明原因）

主持人：××××…………

记录人：××××…………

会议议题：××××…………

会议内容：××××………

今天我们召党小组会，我支部共有×名，参加会议党员（名），符合规定要求，可以开会。这次会议的议程有：

一、学习×××××××××

二、讨论×××××××××

三、研究××××××××××

四、党员汇报思想；

五、开展批评与自我批评；

六、民主评议党员活动等。

（以上六点根据学习实际情况而定）

D. 支部党日活动记录范例

支部党日活动

会议类别：党日活动

时　　间：××××年××月××日××时

地　　点：××××

参加人员：××××

列席人员：×××（如有其他支部成员，请注明）

缺席人员：××××…………（注明原因）

主持人：××××…………

记录人：××××…………

会议议题：××××…………

会议内容：××××………（如实记录党日活动的内容和开展本次活动取得的效果及意义）

E. 支部党课记录范例

支部党课

会议类别：党课

时　　间：××××年××月××日××时

地　　点：××××

参加人员：××××

列席人员：×××（如有其他支部成员，请注明）

缺席人员：××××…………（注明原因）

主持人：××××……………

记录人：××××…………

会议议题：××××…………

会议内容：学习…………………

具体内容：…………………

一、

二、

三、

F. 组织生活会会议记录范例

组织生活会

会议类别：党组织生活会

时　　间：××××年××月××日××时

地　　点：××××

参加人员：××××

列席人员：×××（如有其他支部成员，请注明）

缺席人员：××××…………（注明原因）

主持人：××××……………

记录人：××××…………

会议议题：××××…………

会议内容：××××………

一、传达上级文件相关精神，理论学习和支部工作等；

二、交流思想，党员发言等；

三、开展批评与自我批评等；

四、剖析途径、寻找改进方法等。

策划编辑:王世勇

责任编辑:吴广庆　王世勇

图书在版编目(CIP)数据

"三会一课"实用手册/《"三会一课"实用手册》编委会编. —北京:
人民出版社,2019.12(2023.3 重印)

ISBN 978－7－01－021477－1

Ⅰ.①三…　Ⅱ.①三…　Ⅲ.①中国共产党-组织建设-学习参考资料

Ⅳ.①D262

中国版本图书馆 CIP 数据核字(2019)第 237280 号

"三会一课"实用手册

SANHUI YIKE SHIYONG SHOUCE

《"三会一课"实用手册》编委会　编

人民出版社 出版发行

(100706　北京市东城区隆福寺街99号)

北京汇林印务有限公司印刷　新华书店经销

2019 年 12 月第 1 版　2023 年 3 月北京第 2 次印刷
开本:710 毫米×1000 毫米 1/16　印张:13.5
字数:182 千字

ISBN 978－7－01－021477－1　定价:59.00 元

邮购地址 100706　北京市东城区隆福寺街99号
人民东方图书销售中心　电话 (010)65250042　65289539